Impressum

Bibliografische Information der Deutschen Nationalbibliothek: Die Deutsche Nationalbibliothek verzeichnet diese Publikation in der Deutschen Nationalbibliografie; detaillierte bibliografische Daten sind im Internet über www.dnb.de abrufbar.

© 2015 Thomas Aebischer
Herstellung und Verlag:
BoD – Books on Demand, Norderstedt

ISBN 9783738643251

Thomas Aebischer

Klanginsel – Eine Begegnung am Rhein

Inhaltsverzeichnis

Prolog	S. 5
Dialog	S. 9
Epilog	S. 93

Prolog

Ich weiss heute nicht mehr, wann genau und warum ich mich dazu entschloss, die Via Rhenana unter die Füsse zu nehmen. Aber ich tat es, auch wenn der Startschuss so richtig danebenging. Ausgerüstet mit neuen Schuhen startete ich frohgemut von zuhause, um die erste Etappe von Basel nach Rheinfelden zu erwandern. Doch das Unterfangen war bereits nach einer Stunde bei der Saline in Schweizerhalle zu Ende. Meine Haut an den Fersen hatte sich in kürzester Zeit gelöst und an ein Weitergehen war nicht mehr zu denken. Das Wandern am Fluss geriet ins Stocken und stattdessen war Hegen und Pflegen der Füsse angesagt. Drei Monate später erfolgte der Start doch und glückte.

Die Via Rhenana ist eine ausgeschilderte Strecke zwischen Basel und Kreuzlingen oder umgekehrt. Zehn Etappen sind für die 190 Kilometer vorgesehen. Ich startete, wie bereits erwähnt in Basel, weil mir mein Heimatort als Ausgangspunkt logisch erschien. Die ersten Etappen bis Eglisau führte ich als einzelne Tagesetappen durch, anschliessend hängte ich mehrere Etappen zusammen und übernachtete jeweils unterwegs.

Das Unterwegs sein faszinierte mich am meisten. Der Rhein stets zu meiner Linken, entdeckte ich so viel Unerwartetes, das mich völlig in den Bann zog und eine magische Ruhe in mir auslöste. Ich fühlte mich mit der Natur und mit mir selbst verbunden und so war das Wandererlebnis nicht einfach nur ein zielstrebiges sondern vielmehr auch ein Wundererlebnis. Und ein solches Wunder soll Inhalt dieses Buches sein. Auf meiner Wanderung von Eglisau nach Rheinau ereignete sich etwas, das einem Stillstand meiner Welt geleichkommt. Ich begegnete in Rheinau am Rhein Bruno, der mein Leben nachhaltig bereichert hat.

Der Tag war sonnig und warm und ich erreichte Rheinau gegen Abend. Nachdem ich mein Zimmer in einem kleinen Hotel bezogen hatte, beschloss ich, mich in einem Restaurant zu stärken, um anschliessend zu der wunderbaren Klosteranlage unten am Rhein zu spazieren und mich dort von der einzigartigen Natur und Architektur inspirieren zu lassen. Während über 1000 Jahren wurden die Gebäude als Kloster genutzt, bevor sie dann ab Mitte des 19. Jahrhunderts als Aufenthaltsort einer psychiatrischen Klinik dienten. Mit dem Start ins neue Millennium schloss die Klinik und so ist das Koster Rheinau heute Begegnungsstätte für musikalisch und spirituell interessierte Menschen.

Meine Begegnung mit Bruno war zufällig. Hinter der Klosteranlage, die auf einer Insel liegt, befindet sich die Magdalenenkapelle, von drei Seiten rheinumspült. Dort hatte ich mich auf eine Bank gesetzt und mich vom Fluss und der Umgebung wegtragen lassen, in eine Welt, in der sich Realität und Fantasie langsam ineinander verwoben.

Plötzlich stand er da, Bruno, und fragte mich, ob er sich setzen dürfe. Ich nickte, ein wenig überrascht und nicht gerade begeistert, bin ich an solchen ruhigen Orten doch gerne allein mit mir und dem was mich umgibt. Nun gehörte auch Bruno zu dieser Umgebung, ein Mann von mittlerer Statur, vielleicht so um die 70 Jahre alt, mit kahlem Kopf – ich weiss nicht ob kahl geschoren oder

naturkahl -, unauffällig gekleidet mit einer Outdoorhose, Hemd und Gilet. Sein Gesicht mit gesundem Teint und von der Sonne leicht gebräunt, wache kleine Augen, die seinem Wesen eine Präsenz verleihen, die selbst dann spürbar ist, wenn sein Blick sich in der Ferne verliert. Wir sassen einen ewigen Augenblick wortlos, bevor Bruno mich unvermittelt fragte:
„Was siehst du?" Die kurze und leicht verständliche Frage überforderte mich und ich wusste nicht, was ich antworten sollte. Ich überlegte und rang mich dann doch zu einer Antwort durch, die der Beginn des hier niedergeschriebenen Dialogs sein soll.

Dialog

Tobias: „Ich sehe Wasser, Büsche, Bäume und den Himmel, dich und ein Teil der Kapelle."

Bruno: „Ja, all das kann ich auch sehen, was aber bedeuten diese Gegenstände für dich? Ist es derselbe Fluss, dieselbe Kapelle und dieselbe Umgebung, oder ist deine Wahrnehmung von meiner verschieden?"

Tobias: „Du meinst, ist Wahrnehmung subjektiv oder gibt es so was wie eine absolute Wahrnehmung, die sowohl für mich wie auch für dich stimmig ist?"

Bruno: „Genau, wir haben uns als Menschen geeinigt, dass wir dem langsam vorbeifliessenden Wasser, Bach, Fluss oder Strom sagen, insofern können wir uns eine Vorstellung davon machen, was das Gegenüber meint, wenn es von einem Fluss spricht.
Aber welche persönlichen Erwartungen, Erinnerungen und weltanschaulichen Standpunkte stehen hinter diesem Begriff?

Das meine ich, wenn ich dich frage: Was siehst du? Wie ist deine Einstellung zu dem Szenario, das sich dir hier präsentiert? Gibt es eine Erwartung dahinter oder eine Erinnerung, so wie bei mir? Wenn ich den Fluss hinunterblicke, erinnere ich mich zuerst an eine lauschige Bootsfahrt mit meiner Frau, zwei Monate bevor sie starb. Ist dies also derselbe Fluss wie du ihn siehst?"

Tobias: „Hm ... das tut mir leid, ich ..."

Bruno: „Es braucht dir nicht leid zu tun, ich habe den Tod meiner Frau aus freien Stücken erwähnt,
weil mich interessiert, wie persönliche Färbungen die Wahrnehmung prägen und mich der Austausch darüber interessiert.

Ich heisse Bruno, und wenn du magst, würde ich mich freuen, ein wenig Zeit mit dir zu verbringen und mich mit dir auszutauschen."

Tobias: „Nun gut, das kommt alles ein wenig überraschend und ungestüm auf mich zu, aber ich lasse mich gerne darauf ein und bin gespannt, wo die Reise hinführt - ich bin Tobias."

*Für einen Moment sitzen wir beide schweigend nebeneinander, verbunden durch das, was uns umgibt und doch jeder für sich allein mit seiner Welt, die durch ihre jeweilige Einzigartigkeit unvergleichbar ist.
Die Schatten werden länger, der Himmel verwandelt sich in eine Farbenpalette, die im Minutentakt neue Tönungen hervorbringt, gemalte Vergänglichkeit in ihrer ganzen Pracht. Ich lasse mich in das Schauspiel hineinziehen und auf einmal ist es, als ob der Mantel der Ewigkeit mich behutsam umhüllen würde. All das, was ich bis vor ein paar Minuten noch als Element und Ding wahrgenommen habe – Fluss, Baum, Himmel und Bruno – verschwindet und verliert das Greifbare, stattdessen durchflutet mich eine Welle von Wärme und pulsierendem Leben, in der Fluss, Baum, Himmel und Bruno wirken, ohne physisch relevant zu sein. Ich weiss nicht, wie lange wir wortlos nebeneinandersitzen, aber so plötzlich wie die Energiewelle aufgetaucht ist, so spontan verabschiedet sie sich wieder. Die Konturen werden wieder deutlicher und die Dinge erheben sich aus dem Meer der formlosen Energie. Bruno ist wieder Bruno, kahlköpfig, das Gesicht mir zugewandt, mit einem Lächeln auf den Lippen.*

Bruno: „Und?"

Tobias: „Ich habe eben die persönlichen Färbungen hautnah erlebt. Das Farbenspiel des Himmels hat mich in einen Sog hineingezogen, der die Grenzen der Sachlichkeit verschwimmen liess. Ist es das, was du meinst, wenn du sagst, dass dich die persönlichen Färbungen der Wahrnehmung interessieren?
Ist es die Wirkung, die die Welt in so viele Welten Aufteilt wie es persönliche Wahrnehmungen gibt?"

Bruno: „Tobias, du hast das gut beschrieben. Es gibt bei diesen Themen kein richtig oder falsch, das dualistische System ist hier zum Scheitern verurteilt. Es gibt deine Wahrheit und meine und viele andere. Und auch hier ist es kein entweder oder, sondern ein sowohl als auch, also ein dialektischer Ansatz. Was siehst du also?"

Tobias: „Erinnerung, so wie bei dir, ruft dieser Ort bei mir nicht hervor, aber so etwas wie Sehnsucht, eine Sehnsucht nach etwas, das ich nicht genau definieren kann. Massgebend daran beteiligt sind das Fliessen des Flusses, die Weite des Himmels und das Geheimnis, das sich hinter der nächsten Flussbiegung verbirgt. Es ist für mich eine Mischung aus der Suche nach Geborgenheit und Freiheit, nach Nestwärme und Neugier, das Unbekannte zu erforschen.

Ja vielleicht ist es auch für mich das Sowohl als Auch. Nur Geborgenheit würde mich schnell langweilen und nur Exploration gäbe mir ein Gefühl der Verlorenheit. Wahrscheinlich ist es die Balance zwischen den Gegensätzen, die ich hier ganz deutlich wahrnehmen kann. Dies entspricht auch meiner Weltanschauung, ich spüre mich in den Gegensätzen und die Balance dient als Mittler, um nicht in die Einseitigkeit zu fallen. Das dualistische System dient als Werkzeug, um das Dialektische aushalten zu können. Ich pendle von links nach rechts, tue dies bewusst und versuche dem dadurch erzeugten Wirbel standzuhalten, in meiner Mitte, die nicht einfach in sich ruht, sondern, je grösser die Gegensätze sind, desto kräftiger schwingt.

Wir Menschen, auch ich, neigen dazu, eine Seite zu wählen und uns ganz dafür einzusetzen, sei es mit dem Ziel, glücklich zu sein, Erfolg zu haben oder auch in der Gesellschaft anerkannt zu sein. Dabei vergessen wir häufig, dass der Schwung nach vorne zwangsläufig auch wieder in die andere Richtung gehen muss. So brauchen wir viel Kraft, um von einer Seite wieder in die Mitte zu gelangen und verfügen dann häufig nicht mehr über die Energie, uns weiter zu entwickeln. Die vermeintliche Ruhe, die wir dann wahrnehmen, ist nichts anderes als resignierter Stillstand, in dem nichts schwingt. Davor fürchte ich mich am meisten. In der eigenen Mitte zu sein, bedeutet für mich, im Auge des Sturms zu sein, wenn rundum die Gegensätze toben uns alles schwingt."

Bruno: „Puh, das war ja ein richtiger Sturm, der durch dich gefegt ist. Mir haben deine Ausführungen gefallen. Ich kann sie nachvollziehen. Aber es zeigt sich, dass die Sprache zur Umschreibung dessen, was wir fühlen und zu erklären versuchen, recht ungeeignet ist. Ich bin überzeugt, dass du die Verbundenheit, die du eben in Bezug auf den Himmel mit seiner Farbenpracht beschrieben hast, viel stärker war und du kaum die passenden Worte dazu gefunden hast. Das Erlebnis war

Sprache in reiner Form und im Erzählen musstest du auf die Krücke der verbalen Sprache zurückgreifen. Genau das macht es so schwierig, darüber zu sprechen und deshalb gibt es die eine absolute Wahrheit nicht, weil sie immer nur mit Wortbildern beschrieben werden kann, ohne dem Kern gerecht zu werden. Aber spannend ist es allemal, Worte zu suchen und die eigene Wahrheit damit ein bisschen einzukreisen."

*Wieder Schweigen, diesmal aber nicht als Zustand des Nicht- Sprechens, sondern nur eine andere Form von Sprache, es ist ein Austausch im miteinander schweigen. Der Fluss murmelt leise mit und fliesst sanft und ruhig an uns vorbei. Es kommt mir vor wie eine Pause, ein Innehalten am Fluss des Lebens. War ich vorhin beim himmlischen Farbenspiel mitten drin und Teil davon, so bin ich jetzt Beobachter und Zeuge dessen, was mich umgibt.
Ich frage mich, ist es möglich, Teil und Welle zu sein. Jetzt spüre ich mich ganz deutlich als Teil, als Körper, der am Ufer sitzt und das Fliessen beobachtet, ich hier, der Fluss dort. Teile schaffen also Distanz, respektive Raum und auch Zeit. Die Welle, die mich nur wenige Minuten zuvor erfasst hatte, war weder räumlich noch zeitlich eingegrenzt. Ich konnte sie nicht beobachten, weil ich selbst Teil davon war, wobei das Wort „Teil" hier völlig unzulänglich ist, um ein Phänomen zu beschreiben, das eben alle Tribute aufweist, nur nicht solche, die mit Körperlichkeit zu tun haben. Insofern ist die Bezeichnung „teilhaben" in der Bedeutung von mitten drin zu sein, nicht treffend. Eben gerade das Wort „Teil" oder auch „teilen" verfehlt die Charakteristik einer Welle aus Energie. Das Umschreiben der Welle ist also in der mitteilsamen Sprache kaum möglich, ja selbst die Worte „Welle" oder „Energie" stehen der Wirkung, die sich dahinter verbirgt im Weg. Worte sind eben auch Teile, symbolische Körper, die der Welt der dualistischen Wahrnehmung entspringen. Die Welle als solche dagegen beinhaltet alles, löst alles in sich auf, entfaltet sich als Kraft, die nicht zwingend definiert werden will. Aber wie Bruno zuvor meinte, ist es durchaus spannend, sich auch wörtlich mit dem Unbeschreibbaren auseinanderzusetzen.*

Bruno: „Warum bist du hier? Bist du in einem Kurs hier auf der Musikinsel?"

Tobias: „Nein, ich begehe die Via Rhenana, den Reinweg zwischen Basel und Kreuzlingen."

Bruno: „Ahh – schön, dann folgst du also dem Rhein Richtung Basel."

Tobias: „Nein, ich bin in Basel gestartet mit dem Ziel Kreuzlingen. Ich komme aus Basel und habe mich von zuhause auf den Weg gemacht."

Bruno: „Interessant, ich mag es auch, Flüssen entlang zu wandern. Zu Fuss unterwegs sein ist eine der unmittelbarsten Arten, die Welt zu erkunden. Ich finde es aber trotzdem eigenartig, dass du nicht in Flussrichtung unterwegs bist. Der Grund dafür, den du genannt hast ist durchaus plausibel, aber auch ein wenig trivial. Gibt es andere Gründe, warum du die entgegengesetzte Richtung eingeschlagen hast?"

Tobias: „Ich habe mir bis jetzt keine Gedanken darüber gemacht – nein ich glaube nicht, es hat sich einfach so ergeben."

Bruno: „Ja, vielleicht. Ich habe aber noch ein anderes Bild im Kopf, das grotesk anmuten mag, aber ich möchte es dir trotzdem schildern, ist es doch ein Bild, das ganz spontan und intuitiv aufgetaucht ist, vielleicht kannst du etwas damit anfangen."

Tobias: „Von mir aus, nur zu."

Bruno: „Ich sehe Lachse, die sich flussaufwärts kämpfen zur Quelle, um dort zu laichen. Die Reise vom Meer zur Quelle und zurück ist beschwerlich und trotzdem tun sie es, weil es die einzige Möglichkeit ist, Leben zu stiften. Bist auch du am Laichen?"

Tobias: „Wie bitte? Ich bin einfach gerne unterwegs und mir ist es eigentlich egal, ob ich von da nach dort marschiere oder umgekehrt. Leben stiften, wie stellst du dir das vor?"

Bruno: „Ich meine es im übertragenen Sinn, so quasi als Weg zu deiner Quelle, ein Weg zu dir, zu deinem Ursprung, um dort noch einmal geboren zu werden, um der zu sein, der du wirklich bist. Was arbeitest du?"

Tobias: „Ich bin Schauspieler und Dozent für Theaterwissenschaft."

Bruno: „Hm, du bist es also gewohnt in verschiedene Rollen zu schlüpfen. Wirst du sie jeweils auch wieder los?"

Tobias: „Mehrheitlich schon, aber es stimmt schon, gewisse Charaktereigenschaften von Figuren, die ich spiele, verstärken sich manchmal in mir und zeigen sich dann auch im Privatleben deutlicher."

Bruno: „Wie es mit der Rolle des Dozenten?"

Tobias: „Ja, da wird es schwieriger, denn da bin ich eigentlich Tobias, aber doch nicht so richtig, da ich die Erwartungen, die an einen Dozenten gestellt werden, zumindest teilweise erfüllen muss. Es haben sich tatsächlich Verhaltensweisen gebildet, die direkt mit meinem Beruf als Dozent zusammenhängen und die nun irgendwie zu mir gehören. Es stimmt, ich forme die Figuren, die ich darstelle und sie formen auch mich. In welchem Zusammenhang siehst du diesen Umstand in Bezug auf das für mich etwas komisch anmutende Laichen?"

Bruno: „Entschuldige, aber ich muss lachen. Wenn du das Wort Laichen aussprichst, verwandelt sich dein Gesicht jedes Mal in eine von Furcht erstarrte Maske, als müsstest du dich in einen Abgrund stürzen. Wir sprechen vom Pfad zur Quelle und nicht vom Weg zum Schafott."

Tobias: „Ist das vielleicht nicht dasselbe?"

*Abermals Ruhe, eine Ruhe, die geprägt ist von einer
Spannung, die nur darauf wartet, losgelassen
zu werden. Die Umgebung hat sich in den Konturen kaum
verändert, ausser dass es dunkler geworden ist.*

*In der Nähe des Ufers sind zwei Schwäne aufgetaucht,
die andächtig hintereinanderher schwimmen. Aber
die Stimmung hat nichts Euphorisches mehr, die
wogenden Seelenschmeichlerwellen sind weg,
stattdessen schlägt mir etwas Metallisches, Plattes
und Zweidimensionales entgegen. Der innere Frieden ist
einer unbehaglichen Unruhe gewichen und übernimmt
sogleich das Kommando, indem sie meine Umgebung
damit infiziert und ihre eigene Duftmarke setzt.*

*Es schnürt mir den Hals zu und ich wundere mich, wie
wenig es braucht, sich die eigene Welt neu zu schöpfen.
Ich frage mich, warum sich dieser plötzliche
Stimmungswechsel manifestieren konnte. Bruno hat nur
eine Hypothese meines Motivs aufgestellt und schon ist
meine innere Ordnung auf den Kopf gestellt. Ich versuche
meine Gefühle und Gedanken zu ordnen. Das Metallische
wird wieder weicher und durchlässiger und ich fühle mich
bereit, meine Reise mit Bruno fortzusetzen.*

Tobias: „Ich bin wieder da. Du meinst also, dass der Grund, weshalb ich den Rhein gegen die Flussrichtung bewandere, damit zusammenhängt, dass ich mehr über mich erfahren möchte und ich so zu meiner Quelle gelange? Ich habe mir bis jetzt darüber keine Gedanken gemacht, aber die Fragen zu meinen Rollen, die ich spiele, sind tatsächlich wichtig. Wer bin ich, was gehört zu mir und was habe ich mir spielerisch und gewohnheitsmässig angeeignet, das meinem inneren Kern eher fremd ist? Ich merke schon lange, dass es unendlich viele ‚Tobianten' gibt."

Bruno:„Tobianten, schöne Form der Mehrzahl für Tobias, wie Atlas – Atlanten, gefällt mir.

Zurück zu den Rollen. Diese Frage stellt sich jedem Mensch, aber bei dir scheint mir das Thema komplexer, weil du dich von Berufes wegen mit Rollen auseinandersetzen musst. Da ist es schwierig, zu erkennen, welche Eigenschaften habe ich für die Rolle entwickelt und ist es mir vielleicht nicht gelungen, sie nach der Derniere wieder abzugeben.
Das stiftet Verwirrung. Ich glaube, dass das Umsetzen eines Projekts immer damit zu tun hat, etwas zu lernen und über sich zu erfahren. Du wanderst alleine, setzt deine Pläne um und brauchst dazu Überzeugung und Durchhaltevermögen, das sind doch ganz ursprüngliche Eigenschaften, die zu dir gehören ohne Showtime."

Tobias: „Ja das stimmt, ich mache das einfach für mich, ohne Applaus zu erwarten. Es stimmt schon, meine Motivation im täglichen Leben ist häufig davon geprägt, beachtet und geliebt zu werden, der Applaus ist mir wichtig, auch wenn der notwendige Einsatz mich zusehends ermüdet. Das Wanderprojekt ist seit langem etwas, das ich Angriff genommen habe, weil ich es für mich will und ich Freude daran habe. Meinst du das, wenn du sagst, ich sei auf dem Weg zur Quelle oder zum Laichen?"

Bruno: „Genau das meine ich. Dein Motor ist die Freude an dem, was du machst, das ist deine Quelle, etwas zu tun, ohne Hintergedanken, einfach nur so, weil es dir Spass macht. Der einzige Gewinn dabei ist die Lust. Ist nicht diese Motivation die reinste, die es überhaupt geben kann? Zu gefallen, Erfolg anstreben und sich permanent so verrenken, dass die Reaktionen anderer Menschen wohlwollend sind, ist letztlich eine Last, das Wandern am Rhein dagegen ist reine Lust für dich, und diese Lust ist deine Quelle, weil sie an Reinheit nicht zu überbieten ist."

Tobias: „Eben noch fühlte ich mich recht unbehaglich, doch nun bin ich wieder zuversichtlich. Es ist als ob ein grosser Regen sich über mich ergossen hätte und alte verkrustete Schuppen mitgeschwemmt hätte. Du hast mir geholfen Bruno, meiner Motivation auf den Grund zu gehen, danke. Vielleicht war es nötig, ein bisschen provoziert zu werden, damit sich meine inneren Elemente erheben durften und ich ihre Bedeutungszacken erkennen konnte."

Bruno: „In Gesprächen können sich solche Dinge ereignen. Wir sprechen heute leider kaum noch miteinander, es ist als ob wir nur noch Steuerungsgeräusche von uns geben würden. Hol mir bitte die Zeitung, was essen wir heute Abend, wohin reisen wir in die Ferien, hast du gehört, bei Hans ist eingebrochen worden und schon verrückt, wie diese Flüchtlinge aus Afrika leiden müssen. Das sind keine Gespräche, das sind Mitteilungen, Schlagzeilen oder eben wie ich es nenne: Steuerungsgeräusche.

Miteinander sprechen bedeutet, vor allem einmal empathisch zuzuhören, sich in sein Gegenüber hinein fühlen und die Themen und Worte sorgfältig abwägen. Es bedeutet für mich, die Oberfläche zu durchdringen und sich dem Kern des Gesprächspartners anzunähern. Gespräche verdienen diesen Namen nur, wenn sie in die Tiefe dringen und dem Risiko der Verletzbarkeit Rechnung tragen. Erst dann bewegt sich etwas und das ist wahrhaftiger Austausch, nicht nur auf der verbalen Ebene, wie bei den Steuerungsgeräuschen, sondern auch auf der seelischen Ebene. Gespräche sind nur dann Gespräche, wenn der Mensch in seinem Wesen angesprochen wird."

Tobias: „Das tönt gut und auch einleuchtend, aber das Wesen einer Person ansprechen erscheint mir nicht ganz einfach zu sein. Häufig bin ich mir sogar bezüglich meiner Person im Unklaren. Wir haben die Rollen angesprochen; ich bin immer wieder ein Anderer und kenne mich selbst nicht besonders gut - wie soll ich dann das Wesen einer mir unbekannten Person ansprechen?"

Bruno: „Kennen ist ein trügerisches Wort, weil es etwas charakterisiert, das zu einem bestimmten Zeitpunkt genau so ist. Es muss in diesem Moment messbar und beschreibbar sein, wenn es der Bedeutung von kennen gerecht werden soll. Aber ich glaube nicht an eine feste verlässliche Grösse.

Den Fluss, der uns hier umspült, kann ich eigentlich nicht kennen, höchstens vielleicht auf einer ganz bescheidenen Ebene, wenn es darum geht, ihm einen Namen zu geben, Rhein; und gewisse Grundeigenschaften zu umreissen, wie zum Beispiel: es handelt sich um ein Gewässer, das von da nach dort fliesst, seine Beschaffenheit ist so und so und viele bekannte Ortschaften liegen daran.

Aber, wie vorhin schon besprochen, sagen diese Beschreibungen nichts über das Wesen des Flusses aus und stellen höchstens auch hier Steuerungsgeräusche dar.

Es geht mir nicht ums Kennen, denn ich bezweifle, dass dies auch nur ansatzweise möglich ist, es geht mir ums Kennenlernen.
Wenn du sagst, dass du dich kaum kennst, dann stimmt das selbstverständlich auch für mich, ich kenne mich auch nur ganz peripher, aber ich bin bestrebt, mich immer wieder neu kennenzulernen. Da steckt Bewegung und Veränderung drin, oder anders gesagt, im Kennenlernen bejahen wir das Lebendige in uns, das wandelbar ist und sich permanent neu schöpft und manifestiert. Wenn wir miteinander sprechen, im Sinne von dem anderen und auch eigenen Wesen eine Stimme geben, dann lernen wir uns kennen, du mich, ich dich und wir uns jeweils auch selbst."

Tobias: „Bruno, ich brauche eine Pause, deine Ausführungen berühren mich sehr und ich spüre, dass vieles von dem was du sagst, auch für mich stimmig ist. Aber ich möchte das Wesentliche mal kurz auf die Seite legen und mich den erholsamen Steuerungsgeräuschen zuwenden. Ich habe einiges von mir erzählt, aber von dir weiss ich eigentlich so gut wie nichts, ausser dass du offensichtlich in der Lage bist, mit Menschen sprechen zu können. Mich interessiert aber nun doch dein Hintergrund, wer bist du, wo und wie lebst du und was machst du? Ich habe momentan das Bedürfnis, ein bisschen Ordnung in meinen Kopf zu bekommen und dafür sind Steuerungsgeräusche recht hilfreich, magst du?"

Bruno: „Du hast Recht Tobias, ich überfalle dich mit Fragen und habe kaum etwas von mir preisgegeben. Nun gut ich lebe am Bodensee, dies seit rund zehn Jahren. Als meine Frau noch lebte, waren wir im Berner Seeland zuhause. Wir betrieben dort zusammen mit Freunden einen Biobauernhof. Wir waren spezialisiert auf die biologische Produktion von Rind – und Ziegenfleisch. Ursprünglich habe ich aber Physik studiert. Während meiner Bauernhofzeit hatte ich nebenher ein kleines Mandat als wissenschaftlicher Berater am Paul Scherrer Institut in Villigen inne, das ich bis heute behalten habe.

Das PSI ist das grösste Forschungszentrum für Natur- und Ingenieurwissenschaft in der Schweiz. Drei Themenschwerpunkte stehen im Mittelpunkt: Materie und Material, Energie und Umwelt sowie Mensch und Gesundheit. Ich bin im Gebiet Materie und Material tätig, ein spannendes Umfeld, geht es doch darum, den inneren Aufbau verschiedener Stoffe zu untersuchen, um Vorgänge in der Natur besser begreifen zu können und auf den gewonnenen Grundlagen Stoffe für technische Anwendungen zu entwickeln. Es ist für mich immer wieder von neuem ein Eintauchen in ein

Mysterium und so hat mich diese Arbeit auch zu ganz grundsätzlichen Fragen geführt: Können wir den inneren Aufbau eines Materials überhaupt wirklich erkennen, ich meine über seine Beschaffenheit heraus?

Und da schliesst sich der Kreis zum Anfang unseres Gesprächs: Wie betrachten wir die Welt, als Teil oder Welle, als etwas, das es gibt und beschrieben werden kann oder als etwas das gespürt wird, aber sich der exakten Beschreibung entzieht. Diese Fragen interessieren mich. Wie ist es bei dir, wenn du vor deinen Studenten stehst, oder auf der Bühne in einer Rolle? Lässt sich das, was sich dort ereignet präzise beschreiben oder bist du eher vertieft in der Wirkungswelle, die von deiner Rolle ausgeht?"

Tobias: „Es ist unterschiedlich, in der Vorbereitung steht eher das Konkrete im Vordergrund. Ich nähere mich der Figur oder als Dozent dem Thema auf intellektuelle Weise an. Ich versuche herauszufinden, welches sind die Fakten, wie sieht das Umfeld aus, in welcher Zeit spielt die Geschichte, wie setzt sich das Beziehungsnetz zusammen und so weiter.
Diese Herangehensweise ist kognitiv geprägt. Ist dieser Vorgang abgeschlossen und ich mich mit der Figur oder auch mit dem Inhalt eines Referats sicher fühle, beginnt der intuitive Teil, also das, was nicht mehr klar umrissen werden kann.
Ich fühle mich in die Rolle und das Referat hinein und nehme auch die Schwingungen des Publikums war, die aus dem Gelernten und Erarbeiteten etwas Neues formen und eine noch nie dagewesene Wirkung erzeugen. Es ist also eine Mischung aus teilhaftiger und wellenartiger Energie, die sich zu einem Ganzen

zusammenfügt. Ich kann die einzelnen Teile gut erkennen, bin aber gleichzeitig im Ganzen aufgelöst. Es sind also dualistische Qualitäten, die in ihrem Wirkungsfeld zu einem dialektischen Gesamterlebnis werden."

Bruno: „Es geht mir auch so.
 In meinen Forschungsarbeiten kann ich kleinste Teilchen wahrnehmen und zu sehen, wie sich Materie zusammensetzt, hat etwas Magisches an sich, das eine Schönheit ausstrahlt, die das Denken unterbindet und einer seltsamen Dankbarkeit Platz macht. Allein schon dieser Vorgang erschüttert mich und ich beginne mich zu fragen, was ist es, das diese Wirkung erzeugt, warum bekomme ich in solchen Momenten eine Gänsehaut? Eine Antwort darauf zu bekommen ist illusorisch. Schon die Frage kommt einer Anmassung gleich, weil selbst sie in Bezug auf das was wirkt, unerheblich ist. Ich habe mich irgendwann dafür entschieden, das Wirken einfach nur noch dankbar in mich hineinzulassen und bin unterdessen häufig recht wortlos und weisst du was – es wirkt."

Tobias: „Dies ist ein interessanter Ansatz, du benutzt das unpersönliche Es, um Wirkung zu beschreiben, es wirkt. Gerade bei uns im Theater sind wir bestrebt, beim Publikum Wirkung zu erzeugen. Wir greifen dabei tief in die Trickkiste und jeder versucht den anderen mit ausgefallenen Ideen zu überbieten. Wir glauben, dass wir es sind, die Wirkung erzeugen und dass das, was die Besucher erleben, unser Verdienst ist. Werkzeuge zu kennen, die helfen, beim Publikum eine Reaktion auszulösen gehören sicher zum Theaterhandwerk.

Aber ich frage mich nun, nachdem du die Wirkung entpersonifiziert hast, ob die Wirkung einfach aus sich heraus wirkt, ohne das menschliche Zutun?"

Bruno: „Ich weiss es nicht, es kann sein oder auch nicht. Ich finde keine schlüssige Antwort und bin mir heute nicht sicher, ob es nicht damit zusammenhängt, dass die Frage nach der Wirkung auf diese Weise nicht stellbar ist, aus dem einfachen Grund, weil es keine Antwort dazu gibt.

Verbale Fragen stellen ist Teil der Sprache, die, wie wir bereits diskutiert haben, dem dualistischen System entspringt. Wie soll nun ein Werkzeug aus diesem System eine Antwort hervorbringen, die nicht diesem System entspricht? Das ist wie in der Medizin: Wie sollen schulmedizinische Techniken die Wirkung von homöopathischen Methoden verifizieren oder falsifizieren? Es ist nicht möglich und doch haben beide Methoden ihre Berechtigung. Dies zeigt letztlich, dass es die absoluten und allgemeingültigen Methoden, Wahrheiten, Fragen und Antworten nicht gibt."

Die Sonne steht knapp über dem Horizont und lässt die Landschaft golden erstrahlen. Alles funkelt und aus den Gebäuden hinter uns tönt Musik, eine Geige und ein Klavier. Musikinsel wird das kleine Eiland hier genannt, ein Name, der mich anspricht, fühle ich mich doch selbst auch als Musik- und Klanginsel.
Meine tiefsten Gefühle erlebe ich am intensivsten im Zusammenhang mit Musik und immer, wenn irgendwo eine Melodie auftaucht, nimmt sie mich mit auf eine Reise hinter den Horizont wo die Landschaften zum klingenden Tempel werden. Ich fühle mich zurückversetzt in meine Kindheit, als Musik und Religiosität eng verbunden waren.

Tobias: „Hörst du die Musik im Hintergrund?"

Bruno: „Ja, ich habe sie schon eine ganze Weile in meinen Ohren."

Tobias: „Musik ist etwas, das mich tief berührt, ich glaube, dass mein inneres Selbst aus Klängen besteht und in allen Tonarten schwingt. Schon als Kind konnte ich das spüren. Ich wuchs nahe einer Kirche auf und der Glockenklang begleitete mich im Alltag. Wenn ich heute Glocken höre, empfinde ich Heimat in mir, ebenso bei sakraler Chormusik. Ich war lange Zeit in einem Chor, der geistliche Musik sang. Es ist eigenartig, dass ich mich bei Klängen, eben wie z.B. bei Glocken oder geistlicher Chormusik, mehr zuhause fühle als bei geografischen Fixpunkten in meinem Leben. Kennst du das auch?"

Bruno: „Ja das kenne ich auch, bei mir ist es aber nicht die Musik, die eine wichtige Rolle spielt, ich höre zwar Musik, aber mehr zufällig und meistens nicht so bewusst. Bei mir sind es die visuellen Reize. Wie ich dir schon gesagt habe, bedeutet für mich das Untersuchen von Stoffen mit den überraschend schönen Resultaten unglaublich viel. Was ich dann empfinde, kann ich durchaus auch als Heimat bezeichnen.
Ich fühle mich in der visuellen Harmonie und Schönheit zuhause. Als Kind sass ich oft draussen; ich wuchs in einer ländlichen Gegend im Luzernischen auf, und schaute jeweils über die Weizenfelder. Das hin- und her Wiegen der einzelnen Ähren versetzte mich jeweils beinahe in Trance. Ich bin auch heute noch sehr gerne draussen und lasse mich in die Schönheit, die mich

umgibt hineinziehen, bis alles verschwimmt. Es sind dies Momente des Friedens mit der Qualität von Heimat."

Tobias: „Bei mir fühlt sich Heimat als Klang an. Wenn dieses Gefühl mich durchflutet, wenn ich mich mit allem im Einklang befinde, dann ist das immer Musik, Harmonienvielfalt, ein klingendes Vibrieren. Wie ist das bei dir, empfindest du in Bildern oder Farben?"

Bruno: „Ich habe für mich keine entsprechende Definition. Frieden fühle ich, aber es ist ein formloses Empfinden. Visuelle Reize helfen mir, diesen Zustand zu erreichen, aber dort angelangt, sehe und höre ich nichts mehr."

Tobias: „Ich habe vor Jahren mit einem Tagebuch begonnen und am selben Tag es auch wieder beendet. Der Name Tagebuch ist also ein bisschen vermessen, aber ich hatte immerhin, die Absicht, ein Tagebuch zu schreiben. Nun gut, dieser eine Tag verdiente es aber doch, in meine einzige Seite des Tagebuchs aufgenommen zu werden. Ich habe die Seite immer bei mir, weil ich sie gerne zwischendurch für mich lese, um mich daran zu erinnern, wie ich damals gefühlt habe. Es geht auch da um den einen Klang. Wenn du willst, lese ich sie dir vor."

Bruno: „Gerne, ich bin gespannt."

Tobias: „Also, ich habe geschrieben:

Es ist einer jener Tage, an denen die Natur das Bedürfnis zu haben scheint, sich nach aussen zu stülpen, gleich einem gestanzten Relief. Die Sonne, die Bäume, die Wolken, die Bäche und Berge präsentieren sich in einer Wachheit, die meine Aufmerksamkeit voll in Beschlag nimmt. Sonnenbeleuchtet und reingewaschen vom Regen der letzten Tage ist heute ein Fest der Sinne.
Meine Mittagspause dauert gut eine Stunde und ich bin unentschlossen, wie ich die Zeit nutzen soll. Ich entscheide mich, zu Fuss ins Städtchen zu gehen.
Ich setze mich auf eine Parkbank unmittelbar neben einer Schule, esse ein Sandwich und lese ein Buch. Der Unterricht ist zu Ende und junge Menschen strömen auf das Gelände. Ich fühle mich zurückversetzt in meine Schulzeit und merke, wie ich neben mir stehe und die beiden Situationen ineinander verschmelzen.

Die Gruppe ist in Unschuld gehüllt, da wird gekichert und gewitzelt, eine Energie die mich seit Jahr und Tag anzieht. Ich verspüre in mir die Sehnsucht, die jungen Menschen zu berühren, zu umarmen, zu schlucken und mir einzuverleiben. Die Unschuld wirkt wie ein Magnet auf mich aber gleichzeitig weiss ich, dass das Leben diese Unschuld nicht kennt und sich die Unschuld nur in der Schuld zeigen kann. Dies schafft in mir eine schmerzhafte Getrenntheit, ein Getrieben sein, im Gefühl, den Ort meiner Wünsche nie zu erreichen. Es ist eine falsche Leerheit, eine getarnte Fülle voll von Sehnsucht und Schmerz.

Doch heute ist es anders. Ich empfinde das überschäumende Leben der jungen Menschen als Teil des gestanzten Reliefs, zu dem auch ich gehöre. Meine Erinnerungen und die Gegenwart durchbrechen die

Grenze von Zeit und Raum. Ich empfinde mich nicht mehr als getrenntes Ich, sondern als Gruppe, als seiender Moment, als nichts in Allem. Ich weiss nicht, wer die Menschen sind, ich weiss nicht, wer in meinen Bildern lebt, ich weiss nicht, wer ich selbst bin. Dieses Unwissen führt mich zu mir, ohne dass es mich in diesem Augenblick gibt. Ich bin randvoll mit echter Leerheit, erlebe Geburt und Tod in nicht messbaren Intervallen.

Für mich ist es der eine Klang, der immer währende Klang, der meinen Körper zu einem klingenden Tempel macht. Er lässt meine Organe, meine Sinne, meine Gedanken, meine Träume und meine Seele erzittern und alles schwingt sich ein in den einen Klang, der mein subjektives Ich durchsichtig werden lässt. Ich bin da und auch nicht, ich bin Beobachter und gleichzeitig auch Beteiligter. Zwischen dem Du und dem Ich gibt es keine Unterschiede mehr, Die beiden lösen sich auf und mit ihnen auch das wir. Ich spüre weder Freude noch Trauer, nur Wachheit im grossen Traum des Klangs.

Tobias: „Ja das ist jetzt über zehn Jahre her und ich kann mich grösstenteils noch immer mit diesem Text identifizieren."

Bruno: „Ich bin gerade ein bisschen überwältigt, sehr dichte Bilder, die du kreierst. Das Klangerlebnis gefällt mir gut, ich kann mir nun ungefähr vorstellen, was du dabei empfindest, ich möchte später gerne darauf zurückkommen. Zuerst aber habe ich eine Frage an dich: was meinst du mit Schuld und Unschuld? Du beschreibst, dass die jungen Menschen unschuldig sind, dass es diese Unschuld aber nicht gibt, oder sich zumindest nur in der Schuld zeigen kann. Das Dualistische begreife ich, kein Licht ohne Schatten, kein Glück ohne Trauer, also auch keine Unschuld ohne Schuld."

Tobias: „Eigenartig, dass du das erwähnst. Es ist mir beim Vorlesen genau so gegangen, obwohl ich den Text selber geschrieben habe. Aber es ist Zeit vergangen und ich bin mir bei diesen Ausdrücken auch nicht mehr so sicher, was ich darunter verstehen soll.

Mit Unschuld meinte ich wohl Reinheit und eine gewisse jugendliche Naivität, die sich den Luxus des sich Nichthinterfragens noch leisten kann. Es ist für mich die Erinnerung an die Kindheit, die frei von Misstrauen war und ein erstes Mal getrübt wurde, als ich mit vielleicht fünf Jahren bei einem Spaziergang mit meiner Mutter, zum ersten Mal das Wort „Arschloch" hörte. Lärmende Knaben waren an uns vorbeigestoben und dabei fiel eben dieser Ausdruck.
Ich kannte die genaue Bedeutung des Wortes noch nicht, wusste aber instinktiv, dass es ein Wort aus einer

für mich noch fremden Welt war und dass der Inhalt wohl nichts Wohlwollendes bedeutet.
Ich habe diesen ersten bewussten Kontakt mit etwas Unreinem nie vergessen.

Das Wort Schuld sehe ich allerdings nicht im Zusammenhang mit der eben erwähnten Unschuld. Schuld wird heute meistens im Zusammenhang mit einem Verbrechen, mit einem Verstoss gegen die Regeln der Gesellschaft gleichgesetzt. Ich meine mit Schuld aber etwas ganz anderes. Jemandem etwas schulden, sei es seinen Freunden, der Bank oder auch der Gesellschaft ist eine moralische und sozial eingebettete Schuld, die beglichen werden kann oder auch nicht, mit den entsprechenden Konsequenzen. Ich meine die gewählte Schuld, die es meiner Meinung nach braucht, um dem eigenen Leben gerecht zu werden. Ich schulde mir die Aufrichtigkeit, das in meinem Leben anzustreben und umzusetzen, welches mir in meiner Entwicklung gut tut und mich immer näher zu mir selber führt oder mich zu meinem wirklichen Selbst formt. Dabei kann ich manchmal nicht verhindern, dass mein Umfeld sich vor den Kopf gestossen fühlt und meine innere Motivation nicht versteht.

Diese Schuld muss ich auf mich nehmen, mit dem Risiko, dass die trügerische Sicherheit, in der ich mich wiege, in sich zusammenfällt und ich neue Orientierungspunkte anpeilen muss. Das ist der Unterschied, ich schulde meinem Umfeld nie etwas, Schuld auf sich nehmen kann jeder nur für sich. Was die Anderen damit anfangen, ist nicht meine Verantwortung, ich kann versuchen zu erklären und um Verständnis bitten, aber ob dies gelingt oder nicht, liegt nicht allein in meiner Hand. Vielleicht könnte man das ein bisschen abgedroschene Wort Schuld durch Verantwortung ersetzen, es ist unverfänglicher und leichter verständlich. Ich bin verantwortlich für mein Leben. Also ersetzen wir das Wort ‚Unschuld', so wie ich es im Text gebraucht habe, durch Reinheit und kindliche Naivität und das Wort ‚Schuld durch Verantwortung."

Bruno: „Es ist richtig, wir sind uns selber gegenüber verantwortlich, aber ganz so radikal würde ich es für mich nicht sehen. Seiner eigenen Entwicklung möglichst nicht im Weg zu stehen ist natürlich anstrebenswert, aber wir leben auch in einem sozialen Netz, heute und da wo wir sind.
Die Menschen, die sich alle für sich selbst und damit hoffentlich auch für eine funktionierende Gesellschaft einsetzen, ermöglichen ja erst, dass wir individuelle Anliegen umsetzen können. Wenn nichts funktioniert, bleibt keine Zeit und Energie für eigene Bedürfnisse; die Sicherstellung des eigenen Lebens frisst alle Energie weg.

Es ist wohl die Mischung, die es ausmacht, also auch hier ein sowohl als auch. Sich nur den eigenen Interessen widmen, führt in eine weltfremde Vereinsamung. Und das ausschliessliche Streben nach einer besseren Welt macht dich irgendwann zu einem identitätslosen Wesen, das nur noch eine Funktion ausübt. Du aber mit deinen persönlichen Anliegen und Bedürfnissen in einer gemeinschaftsbildenden Welt, kannst die Brücke sein, die in deinem Wirkungsfeld trägt.
Dies scheint mir ein sowohl emotional gesunder wie auch vernünftiger Weg zu sein. Nicht Schuld, sondern

Verantwortung, das unterschreibe ich sofort, aber eine Verantwortung für dich in deiner Welt, die auch die Welt der Anderen ist - gleich und eben doch einzigartig."

Tobias: „Ich habe mich vorhin etwas ereifert, klar tragen wir auch Verantwortung in unserer Lebensgemeinschaft. Ich verzweifle manchmal ein bisschen, wenn ich realisiere, wie oft ich Dinge tue, die eigentlich nur rudimentär mit meinen innersten Überzeugungen übereinstimmen. Gewohnheit, Bequemlichkeit und Tradition bilden oft den Motor meiner Handlungen und dagegen lehne ich mich von Zeit zu Zeit auf. Im Denken bekommt dies oft eine radikale Note, in der Umsetzung bin ich dagegen häufig sehr angepasst und kaum spürbar unterwegs, ich suche immer wieder die Annäherung meiner radikalen Gedanken und der passiven Haltung in der Umsetzung."

Bruno: „Vielleicht musst du einfach weniger denken und damit auch weniger umsetzen. Vielleicht genügt es, so zu sein wie du bist, in einer Welt, die so ist, wie sie ist mit Menschen um dich herum, die so sind wie sie sind. Das Leben ist vielleicht einfacher als du es gerne sehen möchtest.

Wenn wir davon ausgehen, dass wir die Welt selbst formen, in einem konstruktivistischen Verständnis, in dem die Welt sich immer so präsentiert, wie wir in sie hineinblicken und die Erlebnisse deshalb einzigartig und individuell sind, dann bist du es selbst, der bestimmt, ob du radikal denken und passiv umsetzen willst, oder dir andere Blickwinkel näher liegen. Die Verantwortung dafür trägst du, wie du ja selber erklärt hast, selber."

Tobias: „Nun hast du mich mit meinen eigenen Worten geschlagen, gut gemacht. Aber du hast Recht, ich denke nicht anders darüber als du. Wie sieht es bei dir aus, bist du dir deiner Verantwortung gegenüber dir und der Gesellschaft immer bewusst?"

Bruno: „Bravo, mit dieser Frage bringst du mich nun in Verlegenheit.
Nein, bin ich nicht. Es gab Zeiten, da übernahm ich sehr viel Verantwortung für mich und mein Tun, ich durchlebte aber auch Zeiten, da lag die Hauptverantwortung im Einhalten der Richtlinien der Firma und zwischendurch stellte ich mich in den Dienst der Gesellschaft, indem ich in einer Nonprofit-Organisation das Präsidium innehatte und mit meinem Einsatz half, dass andere Menschen ein besseres Leben führen konnten.
Die Motivation entsprang natürlich einerseits meinem Inneren, aber ich muss gestehen, es gab auch Menschen um mich herum, die mich in diese Rolle sanft aber stetig gedrängt hatten, bis ich glaubte ich sei es ihnen schuldig. Ich verwende bewusst das Wort ‚schuldig', weil es hier passend ist.

Die Verantwortung muss ich selber tragen aber, das Gefühl jemandem oder auch einer Gemeinschaft etwas schuldig zu sein, lässt sich leider nicht immer ausmerzen. Ich habe aber dann gemerkt, dass genau dieser ‚Schuldigsein-Anteil' dazu führte, dass ich schnell ermüdete und ich mich fragte, warum.

Erst viel später, als ich dieses Amt nicht mehr inne hatte, wurde mir klar, dass ich die Verantwortung, die ich mit der Ausübung dieser Funktion übernommen hatte, fremdgesteuert war und ich nicht aus innerster Überzeugung dazu stehen konnte. Heute übernehme ich gerne Aufgaben, die der Allgemeinheit zu Gute kommen, aber ich lasse mich nur noch darauf ein, wenn ich das Gefühl habe, dass sie auch für mich in irgendeiner Weise eine Bereicherung darstellen. Mein innerer Seelenfrieden stellt für mich die Basis dar, für alles was ich tue oder lasse. Nur so bin ich auch für andere eine Energiequelle und kann einen, respektive meinen Beitrag leisten."

Tobias: „Ich habe in den letzten Jahren auch vermehr damit begonnen, mich da und dort für etwas einzusetzen, ohne den Anspruch zu haben, damit die Welt zu verändern oder einen besonders wichtigen Beitrag zum Wohl der Menschheit zu leisten. Meine Engagements entstehen häufig situativ, allein schon dass in meiner unmittelbaren Umgebung die Möglichkeit besteht mitzumachen, genügt, dass ich mich aus freien Stücken daran beteilige. Es hängt also mehr damit zusammen, dass sich die Gelegenheit dazu bietet, ohne dass ich suchen muss, sondern einfach aus dem Grund, dass etwas in meiner Nachbarschaft, in meinem Lebensraum stattfindet und ich damit meinen Lebensraum aktiv mitgestalten kann."

Bruno: „Ja, wir gestalten unsere Innenräume und auch unseren äusseren Lebensraum, wir sind Schöpfer unserer Erlebniswelt."

Tobias: „Bis zur Erschöpfung..."

Bruno: „Ja, auch das kommt vor."

In der Zwischenzeit ist die Sonne hinter dem Horizont verschwunden, als hätte sich auch ihre Strahlkraft erschöpft. Ein paar Vögel ziehen hoch oben vorbei und ich frage mich, wie sie wohl die Welt wahrnehmen. Seit sich Bruno zu mir gesetzt hat, mag vielleicht eine Stunde vergangen sein, obwohl es mir vorkommt, als würden wir schon eine Ewigkeit hier sitzen. Ich bin erstaunt, wie schnell und selbstverständlich ich mich Bruno gegenüber öffnen konnte. Ist es die schnörkellose, aber gleichzeitig auch aufrichtige Direktheit seiner Art, mich in ein Gespräch zu verwickeln, die mir dieses Gefühl von Sicherheit in seiner Gegenwart gibt?

Spricht er tatsächlich mein Wesen an und gibt gleichzeitig auch sein eigenes preis? Mag sein, ich merke einfach, dass es mir gut tut, nicht Theater spielen zu müssen.

Die Luft ist mild und ich fühle mich rundum wohl, welch ein Tag, welch ein Abend, welch eine Begegnung.

Bruno: „Ich möchte gerne noch einmal auf die Musik zu sprechen kommen. Du sagst, dass dein innerster Kern eine Klanginsel ist und dass Musik und Klänge auch im Alltag eine grosse Bedeutung für dich haben. Warum bist du nicht Musiker?"

Tobias: „Ich bin Musiker in meinem Herzen und meiner Seele, aber ich übe die Musik nicht als Beruf aus, das ist wahr.

Lange Zeit schwankte ich hin und her zwischen Musik und Theater. Ich war nahe dran, ein Musikstudium zu absolvieren, konnte mich aber letztlich nicht dazu entschliessen, weil ich merkte, dass ich mit dem Studium meinen intuitiven Zugang zur Musik zerstören würde.
Sich professionell mit Musik zu beschäftigen, bedeutet, die Wesensart der Musik zu analysieren und zu sezieren und damit hatte ich Mühe. Es kam mir irgendwie wie Blasphemie vor, als würde ich etwas mir Heiliges zu ergründen versuchen und damit das Geheimnis, das dahinter steckt, verraten.

Beim Theater sah ich alles profaner: Theaterstücke, Rollen, Epochen und Techniken zu analysieren und zu ergründen schien mir spannend und stellte für mich keine Bedrohung dar."

Bruno: „Ich kann das gut verstehen. Viele Menschen üben eine Tätigkeit aus, die nicht ganz ihren innersten Wünschen entspricht und wählen etwas Unverfängliches, das ganz in Ordnung ist, aber eine bestenfalls akzeptable Notlösung darstellt."

Tobias: „So empfinde ich es nicht, ich habe mir die Reinheit der Musik bewahrt und eine Tätigkeit ausgewählt, die mir wirklich Freude macht. Musik spielt dabei häufig auch eine wichtige Rolle, wird sie doch in vielen Stücken eingesetzt."

Bruno: „Du sprichst das Heilige in der Musik an, meinst du damit auch, wie bei der Unschuld, das Reine?"

Tobias: „Zum Teil, es ist aber mehr. Neben der Reinheit kommt etwas Erhabenes dazu, eine Schönheit, die rein und auch göttlich ist. Mit göttlich meine ich schlicht etwas, das grösser ist als ich und dem angesprochenen Geheimnis entspringt."

Bruno: „Ich habe dir vorhin gesagt, dass ich mich in der Musik nicht besonders gut auskenne, ich höre Musik eher nebenbei. Bei der Musik, die von den Radiostationen gespielt wird, fühle ich mich selten ergriffen.
Songs sind durchaus gut gemacht, vermitteln mir vielleicht ein Gefühl von Fröhlichkeit, stimmen mich traurig oder strahlen eine gewisse Ruhe aus. Ich nehme an, dass du andere Musik meinst, wenn du dieses Göttliche und Reine ansprichst."

Tobias: „Ich höre die verschiedensten Stilrichtungen von Musik. Ich mag Rock und Pop ebenso wie Jazz und Folk und liebe klassische Musik genauso wie ursprüngliche Indianerlieder. Es kommt drauf an, wann und wo. Musik ist für mich in ihrer Ganzheit wichtig.

Es gibt für mich aber eine Brücke von Musik, die hier in der Aussenwelt geschrieben worden ist und meiner inneren Klangwelt sehr ähnlich ist. Ich habe mir einige Gedanken dazu gemacht."

Bruno: „Lass hören."

Tobias: „Meine Gedanken beziehen sich auf die mehrheitlich geistliche Musik. Um es vorweg zu nehmen, sind es die Klänge aus dem ausgehenden Mittelalter und zeitgenössische Kompositionen, die der Musikwelt in meinem Inneren entsprechen. Ich liebe die Musik von Antoine Brumel, einem französischen Komponisten, der um 1500 lebte, oder auch die Musik von Orlando di Lasso als Vertreter der Renaissance.

Das meiste ist klerikale Chormusik und lebt davon, dass die Klänge in einander verwoben werden und damit eine Wirkung erzeugen, die für mich göttlich ewiger Klang darstellt. Mir scheint es, als ob die Musik aus sich selbst wirken würde und allein durch das Singen entsteht.
Im Mittelpunkt steht das mystische Erleben und die Musik führt in dieses Erlebnis und entsteht, obwohl so geschrieben, doch erst im Moment des Zelebrierens.

Das meine ich mit rein und göttlich. Es ist ein Zustand, in dem alles enthalten ist und Ewigkeit ausstrahlt. Ähnlich erlebe ich es bei zeitgenössischen Komponisten wie Arvo Pärt aus Estland oder auch beim polnischen Komponisten Henryk Mikolaj Gorezki.
Beide erzeugen in gewissen Werken dieselbe Wirkung. Minimalistische Klangteppiche führen in einen Zustand tiefen Friedens.

So sind meine Klänge in meinem Innern zu verstehen, es sind gewobene Klangformen, die sich übereinander legen und vielleicht zu vergleichen sind mit einem Prisma, in welchem alle Farben enthalten sind. Es ist ein Klangprisma, das alle Töne enthält die sich aus einem musikalischen Urgrund erheben. Nicht Melodien sind es, sondern nur Harmonie und Klang, Einklang."

Bruno: „Wie sieht es für dich in den anderen Epochen aus?"

Tobias: „Ich finde es spannend zu sehen, dass mit der Renaissance vermehrt das menschliche Dazutun in den Mittelpunkt rückt und das ewig Göttliche in den Hintergrund gedrängt wird.
Im Barock, zum Beispiel bei Händel oder auch Purcell wird Musik komponiert, um der Institution Kirche oder dem Königshaus zu huldigen. Es ist nicht mehr der mystische Inhalt sondern der Mensch im Umfeld der Mächte, der Motor für die Musik ist.

Bei Johann Sebastian Bach kommt eine intellektuell kognitive Komponente dazu. Bibeltexte werden in Musik übersetzt. Ich finde diese Musik ebenfalls wunderbar, aber sie hat nichts mit den Klanggebilden meiner inneren Welt zu tun, sie wirken auf mich zu konstruiert und mit zu viel Absicht entstanden.

Später in der Klassik kommt eine gewisse Verspieltheit dazu in gut begreifbaren Strukturen, wie bei Wolfgang Amadeus Mozart. Dies scheint dazu zu führen, dass vermehrt wieder die Emotionen angesprochen werden. So sind in der Romantik die Gefühle zentral. Wie in der impressionistischen Malerei geht es nicht primär um einen Gegenstand, eine Landschaft oder ein Porträt, sondern um das Gefühl, das dahinter steht, also wieder vermehrt Wirkung, aber nun meist säkularisiert.

Mit dem Beginn ins 20. Jahrhundert ist es dann aber vorbei mit Gefühlen, die Form übernimmt das Kommando und mit der 12-Ton-Musik wird eine neue Musiksprache initiiert. Für mich ist es spannend zu sehen, wie der Zeitgeist sich in der Kunst zeigt und somit Zeugnis ablegt für das, was Menschen in gewissen Epochen empfunden, gedacht und als erstrebenswert gehalten haben."

Im Hintergrund tönt noch immer die Geige, das Klavier ist verstummt. Neben der Menschenmusik ist Vogelgezwitscher zu hören, der Rhein murmelt still und stetig und von der anderen Seite des Flusses sind Stimmen spielender Kinder vernehmbar. Dieser ganze Mix aus Musik und Geräuschen fügt sich zu einem Klangteppich zusammen, der für mich so wichtig ist.

Neben der Musik sind all diese Geräusche, die kaum bewusst wahrgenommen werden und erst so richtig auf sich aufmerksam machen, wenn sie verstummen, mein Lebenselixier. Sie geben mir ein Gefühl, von Leben umgeben zu sein.

Ich kann mich erinnern, dass ich es als Knabe genoss, im Bett zu liegen um den Stimmen unten im Wohnzimmer zu lauschen. Mein Nest war bewohnt und ich fühlte mich sicher und geborgen. Ich liebe dieses Gefühl heute noch genauso. Ich fühle mich häufig wohler, wenn ich allein unter Menschen bin und nicht mitten drin.
Allein in einem Sicherheitsabstand zu sein und zu hören, wie das Leben um mich herum pulsiert, empfinde ich als wortwörtlich paradiesisch. Es ist als ob in solchen Momenten alles möglich ist und ich der Zwischenwelt, in der ich mich dann befinde, nur entsteigen muss, um mich in ein prall gefülltes Leben zu stürzen – mein Leben.

Mit der Geige, den Kinderstimmen, dem murmelnden Fluss im Hintergrund und Bruno an meiner Seite, bin ich an der Schwelle zu dieser Zwischenwelt und bin glücklich.

Bruno: „Ich habe etwas Wurst, Käse und eine Flasche Wein dabei, hast du Lust auf eine kleine Stärkung?"

Tobias: „Hm, das tönt wunderbar, hast du immer Proviant bei dir?"

Bruno: „Nein nicht immer, aber wenn ich hier nach Rheinau komme, nehme ich etwas zu essen und trinken mit. Ich bleibe jeweils längere Zeit und da ist es schön, nicht nur den Kopf, sondern auch den Magen mit einzubeziehen."

Tobias: „Du hast zu Beginn unseres Gesprächs erwähnt, dass du mit deiner Frau hier warst und mit ihr Boot gefahren bist, ist dies der Grund, dass du immer wieder hierher kommst?"

Bruno: „ Meine Frau starb vor rund zwölf Jahren, sie hatte einen Unfall. Kurz nach ihrem Tod, zog es mich hierhin, weil ich schöne Erinnerungen an unsere gemeinsame Zeit hier hatte und gleichzeitig Frieden fand.

Heute ist es ein Ort für mich, der so etwas wie meine seelische Aussenstation ist. Wenn ich einen Blick auf mein Innenleben werfen möchte, gelingt es mir hier am besten, es ist als ob meine Seele nach aussen gestülpt würde und ich mich mit meinen Augen, mit meinen Ohren, mit meiner Nase und meinem ganzen Körper darin bewegen kann. Hier finde ich mich in mir zurecht, es sind veräusserte Erinnerungen und auch neue Erfahrungen die dazu kommen und mich bereichern, so wie unsere Begegnung. Hier fühle ich mich zuhause, im Sinn von, bei sich selber sein.

Meine Frau spielt nachwievor eine wichtige Rolle, aber sie ist nicht mehr der einzige Grund, weshalb ich mich hier so wohl fühle. Es ist meine Tankstelle, die mir Freude und Leichtigkeit schenkt. Wenn ich hier bin, wird es in mir hell und ich werde durchsichtig und meine inneren Hindernisse lösen sich auf, ich werde weit und beginne zu fliessen, wie der Rhein."

Mich erstaunt, mit welcher Selbstverständlichkeit Bruno auch über persönliche Themen sprechen kann. Da ist nichts Verkrampftes, nichts Künstliches. Bruno spricht mit klarer Stimme in einer Natürlichkeit, die mich rührt. Gleichzeitig öffnet er die Flasche Wein, nimmt zwei Becher aus seinem Rucksack, schenkt ein und sagt:

Bruno: „Nun denn, hier ein Schluck gekelterte Natur aus meiner Wohngegend am Bodensee. Es macht mir Freude, mit dir hier zu sein, auf das Leben."

Tobias: „Auf das Leben. Auch ich geniesse den Abend mit dir."

Bruno: „Erzähle doch mal von deinen Erfahrungen, die du unterwegs gemacht hast. Was hat dich überrascht, was hat dir gefallen oder auch nicht?"

Tobias: „Nun ja, die grösste Überraschung ist vielleicht, dass ich merken musste, wie viele unwahrscheinlich schöne Landschaften sich in unmittelbarer Nähe meines Wohnorts befinden und ich sie vor meiner Wanderung noch nie gesehen habe. Manchmal denke ich, wir gehen blind durch die Welt, ich kenne die Wüsten von Namibia, aber die Gegend vor meinem Haus kaum. Das hat mich erstaunt und gleichzeitig auch nachdenklich gestimmt.

Gefallen haben mir die alten Ortschaften mit ihren historischen Ortskernen. Beeindruckend finde ich die Brücken und die Wasserkraftwerke, die in regelmässigen Abständen sich dem Rhein in den Weg stellen und mir ist aufgefallen, dass sehr viele Bunker entlang des Wegs stehen. Es wurde mir bewusst, dass der Rhein ein Grenzfluss ist und dass vor noch nicht so langer Zeit, das gegenüberliegende Ufer Feindesland bedeutete.

All die Zeugnisse aus den verschiedenen Epochen sind auch hier, wie bei der Musik, klar sichtbar. Sich in die jeweilige Zeit hineinzudenken und fühlen finde ich spannend.

Aber am meisten schätze ich das Unterwegssein und nicht zu wissen, was sich mir hinter der nächsten Biegung offenbaren wird. Dieses sich Überraschen lassen schärft die Sinne und das ist ein wunderbares Gefühl."

Bruno: „Es ist ein Privileg, das sich Überraschen lassen als etwas Schönes zu erleben. Das Privileg gründet in der Eigenschaft der kindlichen Naivität oder wie du in deinem Minitagebuch geschrieben hast, in der Unschuld. Ich weiss nicht was kommen wird, bin neugierig und freue mich darauf. Das gelingt nur, wenn man angstfrei ist und sich keine Sorgen zu machen braucht.

Stelle dir vor, wie es wohl vor 75 Jahren während des Krieges gewesen sein muss. Drüben der Feind, hier die eigenen Soldaten und dann die gleiche Biegung, hinter der sich das Unbekannte verbirgt. Geschärfte Sinne stellten da nicht mehr die Basis für ein tolles Gefühl dar, sondern waren überlebenswichtig. Möglichst keine Überraschungen, das war die Devise. Alles mir Unbekannte war bedrohlich. Dieselbe Biegung und doch so verschieden in ihrer Ausstrahlung.

Für mich ist es wichtig, nichts als gegeben und selbstverständlich zu sehen. Die Umstände, seien es die eigenen oder auch die äusseren unserer Umgebung, geben den Rahmen unserer Erlebniswelt. Dieser Rahmen ist nicht starr, wir haben Einfluss auf ihn und können ihn verändern, nicht immer in der Geschwindigkeit, die wir anstreben, aber kontinuierlich und mit Geduld. Auf die Überraschung hinter der nächsten Biegung mit Neugier und Freude zuzugehen, ist nur möglich, wenn der äussere und innere Rahmen stimmig ist, wenn wir uns nicht zu fürchten brauchen, das ist ein Privileg."

Tobias: „Ich kann von mir nicht behaupten, dass ich ohne Ängste bin. Sie hängen meistens damit zusammen, dass ich fürchte, Liebgewonnenes zu verlieren. Mein eigenes Nest, in dem ich mich sicher fühlen kann, wie ich es als Junge zuhause erlebte, habe ich mir bis heute nicht aufbauen können. Mein Wohl ist stark abhängig von Menschen, die mir nahe stehen. Im Wissen darum, dass ich eine eigene Familie habe, dass meine Eltern noch am Leben sind und dass es Freunde gibt, die zu mir halten, ermöglicht es mir, mich freiwillig auf Neues einzulassen und dies mit Lust und Freude.

Aber das Glück ist fragil und ich bin mir der Vergänglichkeit bewusst, die mich einerseits antreibt, immer das Beste zu versuchen und gleichzeitig auch eine lähmende Wirkung auf mich ausübt.

An eines meiner ersten Erlebnisse, das mit Verlust zu tun hat, kann ich mich gut erinnern. Heute scheint es eine Bagatelle zu sein, aber ich sehe die Szene noch klar vor Augen und kann den damaligen Schmerz spüren. Wir, meine Eltern und meine Schwester, waren auf einem Sonntagsspaziergang und ich hatte mich dazu entschlossen, einen Ball mitzunehmen. Ich besass zwei identische Bälle, blau und etwa in der Grösse eines Fussballs. Die beiden Bälle unterschieden sich aber geringfügig; der eine war ein bisschen weniger aufgepumpt als der andere und somit auch weicher. Dieser Ball war mein Lieblingsball. Nun musste ich mich entscheiden, sollte ich meinen Lieblingsball mitnehmen und das Risiko eingehen, dass er beschädigt wird oder gar verloren geht, oder sollte ich mich für die sichere Variante entscheiden und dem anderen Ball den Vorzug geben?
Ich rang mit mir und entschied mich für meinen Lieblingsball. Wir beide und meine Familie waren also unterwegs irgendwo zwischen Wald und Ortschaft, spazierten auf Wiesen und Wegen, rasteten an einem Waldrand, wo sich nach dem Picknick die Möglichkeit ergab, mit dem Ball zu spielen. Es geschah was geschehen musste, der Ball flog ins Dickicht und ein Dorn versetzte ihm den Todesstoss.

Der Ball, ohne Luft und auch ich atemlos, weil ich kaum zu weinen aufhören konnte. Der Ball war hin. Hatte ich die falsche Entscheidung getroffen, wäre der andere Ball auch ins Dickicht geflogen, hätte ich, bevor das Malheur passierte, dieselbe Freude mit dem anderen Ball gehabt? Es gibt keine Antworten darauf."

Ich nehme einen Schluck aus meinem Becher und bin in Gedanken am Waldrand, sehe mich dort sitzen, mit der schlaffen blauen Plastikhülle in der Hand, ein geplatzter Traum, eine leere Haut, die einmal mein ganzer Stolz gewesen war. Von einer Sekunde auf die andere, war nichts mehr wie vorher.

Ich kann den Ball in seiner runden Fülle vor mir sehen und gleichzeitig auch das deformierte tote Plastikteilchen, das seinen Reiz und seine Schönheit verloren hat. Nach rund fünfzig Jahren existieren Ball und Nichtball beide noch für mich. Selbst die Gefühle, die damals in mir hochkamen, sind auch heute noch spürbar.

Es ist eigenartig, dass ich dies alles so klar vor Augen habe und nachempfinden kann, sind doch sowohl Ball wie auch Nichtball in der physischen Welt längst verschwunden und ohne Bedeutung. Aber die Qualitäten, die sich in mir, bezüglich ihrer Existenz, ausgebildet haben, die sind nach wie vor präsent und mit einem Fingerschnippen aufrufbar.

Ich beginne mich zu fragen, sind wir es selbst, die bestimmen, ob etwas existiert oder nicht, auch über die Vergänglichkeit hinaus?

Bruno: „Ball und Nichtball, schön ausgedrückt. Du hast Recht, es ist eigenartig, dass Erlebnisse durch ihre individuelle Wichtigkeit, die der Einzelne ihnen zukommen lässt, sich in die Seele brennen, als Bilder mit den dazugehörenden Gefühlen. Es sind Anker, die ganz einfach aktiviert werden können und das längst vergangene Programm wieder zum Laufen bringen.

Wir kennen dies als mögliche Technik in der lösungsorientierten Psychologie, bei denen zum Beispiel mit neurolinguistischem Programmieren, kurz NLP, solche Ankerpunkte gesetzt werden, um positive Gefühle hervorzurufen. Das kann funktionieren, aber ich bin solchen Techniken gegenüber trotzdem skeptisch. Sie gaukeln häufig vor, dass mit ein, zwei Handgriffen, Probleme gelöst werden können, ohne dabei abzuklären, ob die Symptome nicht einfach Ausdruck einer viel tieferen Verletzung sind, oder ob sie vielleicht sogar zur Wesensart des Klienten gehören.

Nehmen wir dein Beispiel mit dem Ball: Es eignet sich hervorragend darüber zu reflektieren, weil es in seiner Anlage so klein und überschaubar ist und trotzdem beispielhaft ist für die Mechanismen, die dahinter stecken.
Du musstest dich also entscheiden, welchen Ball du mitnehmen möchtest, du hast dich für deinen Lieblingsball entschieden, der ging kaputt und der damit erzeugte Verlust löste in dir ein Gefühl der Trauer und Ohnmacht aus, verbunden mit dem Selbstvorwurf, die falsche Entscheidung getroffen zu haben. Dieser Vorgang ist verständlich. Daraus die Absicht zu formulieren, ich möchte mich nicht mehr so schlecht fühlen und nur noch die schönen Ballbilder

hervorzuholen, ist eine Möglichkeit, die mit Techniken des Ankerns durchaus praktikabel ist. Wenn ich an den Ball denke, sehe ich den runden, weichen, blauen Ball, der in meinen Händen liegt und mir ein schönes Gefühl vermittelt – Ziel erreicht.
Für mich nicht, es ist eine einseitige Wahrheit, es ist ein Entweder-Oder. Ich plädiere auch hier, wie bei allem im Leben für das Sowohl–als-Auch.

Das oben erwähnte Bild ist wichtig, aber es braucht auch das Bild des zerstörten Balls, der in deinen Händen liegt und in dir dieses Gefühl der Trauer hervorruft. Auch das ist eine Wahrheit, die es zu beachten gilt. Erst wenn beide Bilder mit ihren dazugehörenden Gefühlen sich die Waage halten, findest du Frieden mit der Situation. Dann bist du, wie du zu Beginn unseres Gesprächs erwähnt hast, im Auge des Sturms und bist in der Lage, beide Gegensätze wertzuschätzen und anzunehmen, weil sie beide zu dir gehören."

Tobias: „Beim Erlebnis mit dem Ball kann ich dieses Sowohl-als-Auch gut nachvollziehen und auch für mich akzeptieren. Ich staune, wie präsent das Erlebnis noch ist, aber die Intensität hat es nach all den Jahren doch verloren und so ist meine Betroffenheit heute eher gering.

Ich habe vorhin die Angst angesprochen, die mich manchmal überfallartig ergreift, wenn ich daran denke, dass alles in meinem Umkreis vergänglich ist und dass der Moment wahrscheinlich nicht mehr fern ist, in welchem meine Eltern sterben werden. Nicht dass ich Angst um sie hätte, sondern es dreht sich hierbei um meinen persönlichen Verlust, der mir zu schaffen macht.

Wenn schon ein Ball die Kraft hat, sich mit seiner Vergänglichkeit in meine Seele zu brennen, wie wird es dann sein, wenn für mich lebendige Orientierungspunkte in meinem Leben in sich zusammenfallen? Ich kann es mir nicht vorstellen und bin manchmal deswegen wie gelähmt."

Bruno: „Ich möchte dir dazu eine Geschichte erzählen.

Es war einmal ein kleiner Junge, nennen wir ihn Jonathan, der lebte glücklich und zufrieden bei seinen Eltern. Er war Einzelkind und wurde von seinen Eltern geliebt und, wie es sich gehört, verwöhnt. Er spielte gerne draussen mit Freunden, staute das Wasser im Bach, der nicht weit von seinem Zuhause die Landschaft durchmass. Im gegenüberliegenden Wald baute er Hütten und spielte mit seinen Freunden Robin Hood. Kurzum, er lebte sein Leben, glaubte, dass alles für immer so bleiben würde und das Leben ein einziges Freudenfest sei.

Als bei seiner Mutter Krebs diagnostiziert wurde, war er zwölf Jahre alt. Was diese Diagnose bedeutete, konnte Jonathan nicht abschätzen, noch immer spielte er gerne mit seinen Freunden, doch die Stimmung zuhause war nicht mehr wie zuvor. Der Schock, als seine Mutter ein Jahr später starb, war gross und traf ihn wie ein Hammerschlag. Die heile Welt, die er bis zu diesem Zeitpunkt als unzerstörbar gehalten hatte, war mit einem Schlag zerbrochen. Sein Vater wurde zusehends schweigsam und Jonathan verbrachte viel Zeit in seinem Zimmer. Seine Leistungen in der Schule wurden schlechter und auch der Kontakt zu seinen Freunden wurde seltener.

Mit vierzehn Jahren konnte er es zuhause nicht mehr aushalten und er beschloss, auszureissen, um irgendwo Antworten auf seine quälenden Fragen, die sich alle um das Warum drehten, zu erhalten.
Er machte sich, ohne zuhause etwas zu sagen auf den Weg, kaufte sich mit seinem ersparten Taschengeld ein Billet nach Avignon und startete mit einem kleinen Rucksack, in dem das Nötigste Platz fand, die Reise.

Zehn Stunden später erreichte er Avignon und irrte in der Stadt umher, ohne zu wissen, wohin er gehen sollte und was er eigentlich hier wollte. In einem Reiseprospekt zuhause hatte er die französische Papststadt gesehen und sich vorgestellt, wie schön es sein müsste in einer so geschichtsträchtigen Stadt unterwegs zu sein. Das war der Grund, warum er Avignon gewählt hatte. Nun aber war er überfordert und dem Zusammenbruch nahe.

Als er sich in der Nähe der Pont d'Avignon an der Rhone niederliess, den Kopf vornüber gebeugt, setzte sich kaum merklich ein Mann zu ihm und legte sanft seinen Arm um ihn. Jonathan liess die Berührung zu und auf einmal spürte er sich geborgen und weniger verletzlich. Er öffnete die Augen und sah dem noch jungen Mann in die Augen. Dieser lächelte und stellte sich in deutscher Sprache mit: „Ich bin Michael" vor. Er fragte Jonathan, warum er hier sei und was ihn bedrücken würde. Jonathan erzählte seine Geschichte und war selbst erstaunt darüber, wie leicht ihm das Erzählen fiel. Michael meinte, er würde gerne mit ihm weitersprechen, zuerst aber sei es nun an der Zeit, zuhause anzurufen, damit sein Vater sich keine Sorgen mehr machen müsse.

Zusammen gingen die beiden Männer in ein Lokal, gleich hinter der Brücke. Michael schien den Wirt gut zu kennen und organsierte, dass Jonathan zuhause anrufen konnte. Er vereinbarte mit seinem Vater, dass er am nächsten Tag wieder nach Hause fahren würde. Michael gratulierte Jonathan zu seinem Mut, zu seinen Gefühlen gestanden zu haben und fragte ihn, ob sie zusammen den Abend verbringen wollten. Er könne anschliessend hier übernachten. Jonathan war froh, einen Begleiter zu haben.

Nun gut; Jonathan und Michael, der seit rund fünf Jahren in Südfrankreich wohnte, aber ursprünglich aus Deutschland stammte, verbrachten den Abend zusammen. Für Jonathan sollte dieser Abend ein Wendepunkt in seinem Leben sein. Die Anteilnahme eines ihm fremden Mannes setzte etwas in ihm frei, er merkte, dass Gefühle nicht an Personen gebunden sind. Er realisierte, dass die Trauer und die Ohnmacht zu ihm gehörten und nicht dem Tod seiner Mutter angelastet werden konnten.
Das Gewohnte hatte sich verändert und das war es, was ihm Schwierigkeiten bereitete - ja seine Mutter fehlte ihm. Aber gleichzeitig spürte er auch Wärme und Liebe für sie und auf eigenartigerweise machten sich in der Gegenwart von Michael ähnliche Gefühle bemerkbar.

In diesem Moment begann er zu erahnen, dass das Leben sich ständig im Wandel befindet, die Gefühlspalette aber dieselbe bleibt, die Erlebnisse und die Lebensumstände ändern sich, nicht aber, was wir dabei empfinden können. Seine Mutter verwandelte sich plötzlich in Energie, die er deutlich spüren konnte, eine Energie, die geschwängert war von Zuwendung,

Liebe und Geborgenheit. Alles war noch da, obwohl seine Mutter sich physisch nicht mehr bei ihm befand. Auf einmal spürte er Dankbarkeit in sich und er beschloss, in Zukunft seinen Gefühlen freien Lauf zu lassen, so wie der Fluss, der stetig seiner Bestimmung entgegenfliesst.

Am nächsten Tag verabschiedete sich Jonathan von Michael und bedankte sich bei ihm mit den Worten: „Michael, du hast mein Leben gerettet, ich liebe dich dafür", und Michael erwiderte: „Du lebst in und aus dir, zeige es und du bist nie allein."

Jonathan fuhr nach Hause, wo sein Vater ihn, ohne ein Wort zu verlieren, in seine Arme schloss und seine Tränen nicht mehr verstecken wollte. Von da an kehrte Frieden im Haus von Jonathan und seinem Vater ein, der Schmerz bekam seinen Platz und mit ihm auch wieder die Freude am Leben."

Die Geschichte schwebt noch über dem Rhein, und Rheinau könnte auf einmal auch Avignon sein.

„Du lebst in und aus dir, zeige es und du bist nie allein."

Dieser Satz hätte auch Bruno sagen können ... Spielt es eine Rolle, wer was sagt, genügt es nicht, dass es einfach gesagt wird? Vielleicht.

Während ich über diese Worte sinniere, vermischen sich die Bilder in meinem Kopf und ich kann Bruno, Michael und Jonathan kaum noch voneinander unterscheiden. Ich merke, wie sich in mir Schleusen öffnen und ich kann und will meine Tränen nicht mehr zurückhalten. Bruno legt sanft seinen Arm und mich und ich spüre, wie sich Frieden in mir ausbreitet.

Bruno: „Komm' lass uns ein bisschen Wurst und Käse essen."

Tobias: „Danke, bitte entschuldige, aber es ist einfach so über mich gekommen."

Bruno: „Es gibt nichts zu entschuldigen. „Du lebst in und aus dir, zeige es und du bist nie allein."
Es ist gut, den Mut zu haben, zu zeigen, was und wie man fühlt. Alles ok?"

Tobias: „Ja, alles ist in Ordnung. Vermute ich richtig, dass du Jonathan bist?"

Bruno: „Ja."

Tobias: „Warum hast du die Geschichte nicht in der Ichform erzählt?"

Bruno: „Ich bevorzuge, meine Erlebnisse manchmal von aussen zu betrachten und sie in der dritten Person zu erzählen. Ich kann so besser auf die Geschichte blicken und lasse mich nicht gleich emotional hineinziehen."

Tobias: „Aber du hast vorhin erwähnt, dass es erstrebenswert sei, seine Gefühle zu zeigen. Gilt das für dich nicht?"

Bruno: „Doch das gilt auch für mich, aber wie ich schon erwähnt habe, gibt es für mich immer ein Sowohl-als-Auch. Eine Geschichte emotional zu erleben ist *eine* Seite der Wahrnehmung, aber es gibt auch noch den distanzierten Blickwinkel, der bewusst auf die Emotionen verzichtet, einfach um zu sehen, wie sich die

Geschichte nüchtern zugetragen hat. Um dir zu zeigen, was ich meine, wenn es darum geht, Schmerz zuzulassen, schien mir diese Form geeigneter zu sein, als dich mit meinen Emotionen zu überfluten und damit den Fokus auf *meine* Gefühle zu lenken. Mir ging es um *deinen* Schmerz."

Tobias: „Ich kann ansatzweise begreifen, was du mir sagen möchtest und trotzdem scheint es mir nicht leicht zu sein, mit Verlust umzugehen. Du hast deine Mutter als Kind verloren und später deine Frau. Wie gehst du damit um?"

Bruno: „Gar nicht, ich gehe mit dem Tod nicht um, denn das würde bedeuten, dass ich den Tod umkreise und um ihn herumgehe. Diese Ausdrucksweise ist typisch für unsere Zivilisation, wir gehen mit dem Tod um, es ist der Umgang mit der Vergänglichkeit, wir meiden das Thema, umgehen es und tun so, als ob es nicht existieren würde. Genau diese Vorgehensweise ist es, die den Abschied so unerträglich macht. Wir umgehen alles, was schmerzen könnte und sind schockiert, wenn sich die einzige Sicherheit, die wir im Leben haben, nämlich der Tod, dann doch manifestiert.

Du hast gesagt, es falle dir nicht leicht, dich mit diesem Thema zu beschäftigen, das ist es auch für mich nicht. Ich leide unter dem Verlust meiner Frau und hadere trotzdem nicht damit. Ich lasse den Schmerz zu als eines unter vielen Gefühlen, die ich empfinden kann. Ich gehe also nicht mit dem Tod um, ich versuche, durch ihn hindurch zu gehen, ihn als etwas stets Gegenwärtiges zu sehen.

Wir haben uns zu Beginn unseres Gesprächs darüber unterhalten, dass es verschiedene Betrachtungsweisen der Welt gibt. Je nach Blickwinkel ist etwas ein Teilchen, ein Gegenstand, ein Ding, oder aber eine Welle aus Energie, die jegliche Sachlichkeit verloren hat.

Ich habe für mich gemerkt, dass es mir hilft, den Tod als unsachlich wahrzunehmen. Wenn ich mich vor dem Tod und seinen Folgen fürchte, bekommt der Tod die Eigenschaft eines Teilchens, das sich dann zeigt, wenn ein Mensch stirbt. Es ist als ob wir ständig in der Schwebe leben würden, bis wir plötzlich in den Tod prallen.
Für mich ist es einfacher den Tod als Energiewelle zu betrachten, eine Welle, die in jedem Augenblick da ist, Leben nimmt und gleichzeitig Leben schafft, der Tod als Metamorphose, in der sich ein Lebenszustand in einen anderen verwandelt. Tod und Geburt in jeder Sekunde, wie du es in deinem Tagebuch beschreibst, auch hier also nicht das Entweder-Oder sondern das Sowohl-als-Auch.

Diese Betrachtungsweise nimmt mir den Schrecken, ich kann den Schmerz zulassen und orientiere mich gleichzeitig an der Gesetzmässigkeit, die hinter der Vergänglichkeit steht: Leben bedeutet Wandel ohne Ende."

Tobias: „Bruno, jetzt wird es für mich ein wenig abstrakt. Ich weiss, dass der Tod etwas ist, das Bestandteil unseres Seins darstellt. Aber ob Teilchen oder Welle ist mir eigentlich egal, ich habe meine Schwierigkeiten damit."

Bruno: „Das haben wohl alle Menschen, darum geht es nicht.
 Es geht um die Vergänglichkeit, ich wähle bewusst dieses Wort und nicht den Ausdruck Tod, weil in der Vergänglichkeit alles enthalten ist, auch der Tod.

Wir leben im grossen Irrtum und im Gefühl, durch unsere Gewohnheiten würde immer alles so bleiben, wie wir es kennen und besten Falls auch mögen. Wir gaukeln uns vor, in einer Sicherheit zu leben, die unerschütterlich ist.
Wir lieben die Sicherheit und tun uns bei der einzigen wirklichen Sicherheit, die es gibt, nämlich der Vergänglichkeit, unglaublich schwer. Ich plädiere für eine Enttabuisierung des Themas und einen ungezwungenen Umgang damit.

Das bedeutet, dass wir uns selber nicht so wichtig nehmen dürfen, sondern uns als Lebewesen in einem grösseren Zusammenhang sehen sollten. Bei den Blättern an den Bäumen, die im Herbst herunterfallen und vermodern, ist es uns egal, was aus dem einzelnen Blatt wird. Wenn im Frühling neue Blätter wachsen, sind es für uns schlicht die Blätter des Baumes, die wir kennen und wir sind uns nicht bewusst, dass der ganze Baum sich in der Zwischenzeit gewandelt hat, und auch wenn wir uns dessen bewusst wären, würden wir uns kaum Gedanken darüber machen. Aber alles was unser persönliches Leben betrifft, nehmen wir wichtig, wir urteilen auf dieser Grundlage."

Tobias: „Aber der Einzelne *ist* doch wichtig, ich habe ja nur *mein* Leben und von dieser Warte aus muss ich doch die Welt betrachten."

Bruno: „Ja und nein, auch hier wieder ein Sowohl-als-Auch. Du kannst selbstverständlich die Welt nur mit deinen Sinnen wahrnehmen und letztlich beurteilen. Du bist zu grossen Teilen für dein Leben verantwortlich. Daneben oder besser gesagt darüber hinaus gibt es aber auch Gesetzmässigkeiten, die für alle Lebewesen identisch sind, so zum Beispiel dass sie in ihrer materiellen Form vergänglich sind.
Wenn ich das weiss, die Rahmenbedingungen also kenne, fällt es mir wahrscheinlich leichter, mein Leben unter diesen Umständen zu gestalten. Wenn mir bewusst ist, dass ich nicht ewig auf dieser Welt leben kann und dass das Prinzip von Tod und Geburt in jeder Sekunde wirksam ist, dann wäre es doch meine Aufgabe, mich in diesem Rahmen bestmöglich zu bewegen.

Wie kann ich dann noch über die Vergänglichkeit hadern? Ich werde Gestalter und Schöpfer und liebe Veränderungen, weil sie Ausdruck des Lebens sind."

Tobias: „Das mag ja in der Theorie stimmen, aber konkret dünkt mich diese Herangehensweise illusorisch. Wenn ich sage, dass es mir Angst macht, wenn ich daran denke, dass meine Eltern, Freunde und andere mir nahe stehende Personen, eines Tages unwiderruflich aus meinem Leben verschwunden sein werden, dann ist das eine reale Angst, die mich einschnürt.
In solchen Momenten hilft mir Tod und Geburt in jeder Sekunde wenig, auch wenn ich in unbefangenen Situationen gerne diesen Begriff in den Mund nehme."

Bruno: „Ich gebe dir Recht, diese Erkenntnis hilft manchmal nur wenig. Ich versuche dir aber zu erklären,

dass es letztlich um zwei Sachen geht.
Einerseits ist da deine angesprochene Angst die dich zu lähmen droht und Schmerz auslöst. Hier scheint es mir wichtig, diese Angst anzuerkennen und den Schmerz willkommen zu heissen. Mit dem „Umgang der Vergänglichkeit" Schluss machen, so lautet die Devise. Diese Angst gehört zu dir und du musst sie auch nicht besiegen, sondern ihr einen Platz geben, damit sie an deinem Leben teilhaben kann, das ist der erste Schritt, ganz konkret.

Der zweite Schritt dreht sich um die Sichtweise von Vergänglichkeit, und da glaube ich, dass es hilfreich ist, den Tod, die Vergänglichkeit mit dem Ausdruck Metamorphose oder Verwandlung zu ersetzen. Diese ist nur möglich, wenn etwas vergeht und etwas Neues entsteht. Die Vergänglichkeit verliert mit dieser Erkenntnis den Schrecken und verwandelt sich in etwas Natürliches. Wenn diese beiden Schritte gelingen, dann ist es möglich, dass du von Frieden erfüllt wirst und die Kraft der Verwandlung spüren kannst.

Ich lasse dich mal kurz allein, damit die Worte den Weg in deinen Körper finden. Ich muss schnell austreten und bin gleich wieder bei dir, wenn du willst."

Bruno ist so richtig in Fahrt gekommen und ich bin ein wenig benommen, es fällt mir schwer, klar zu denken. Aber ich fühle mich gut, mein Körper vibriert und obwohl das Thema Vergänglichkeit kein einfaches ist, hat es im Moment die Schwere, die ich sonst dabei empfinde, verloren.

Ich kann Bruno sehen, wie er zielstrebig und mit federndem Gang nach vorne zu den Gebäuden schreitet.

Mir ist, als ob ich mich in einem Traum befinde, alles erscheint mir so unwirklich und auf seltsame Weise entrückt. Da sitze ich nun, leer und doch voll von Eindrücken, still und doch angefüllt mit Klang, gespannt und doch wohltuend locker. Ich bin im Auge des Sturms angekommen, dort wo alles zusammenkommt in friedvoller Harmonie, dort wo die Gefühle einfach sind, wertungsfrei, jenseits des Dualismus, alles im Jetzt, dort wo der Kreis sich schliesst, ich mir und allem, was mich umgibt, die Hand reiche, das sich zu dem einen Ganzen, meinem Einklang, zusammenfügt.

Ich stehe auf, gehe zur Spitze der Insel, hinter mir die Kapelle, vor mir der Rhein mit den beiden Schwänen, die noch immer majestätisch hintereinander herschwimmen. Die Sonne ist unterdessen hinter dem Horizont verschwunden. Es ist jener magische Moment, in dem sich Tag und Nachtberühren. Für mich ist dies die schönste und intensivste Zeit des Tages. Es ist die Kehrseite des Sowohl- als- Auch, das Weder- Noch, das so viel zulässt und so unbestimmt erscheint, nicht Tag und auch nicht Nacht. Für kurze Zeit öffnet sich das Fenster einer Zwischenwelt, das Einblick in das Unendliche gewährt, wo Tag und Nacht gezeugt werden, bevor sie in den Himmel hinein geboren werden.

Ich liebe es, mich am Abgrund zu bewegen und in die Schmiede der Möglichkeiten hinein zu blicken, Möglichkeiten, die nicht zu Ende geformt sind, sondern noch im Urzustand brodeln und darauf warten, dass sie in Erscheinung treten dürfen.

Für mich ist es der heilige Gral, der sich zusammensetzt aus Grundsubstanz und individueller Form, aus Traum und Wirklichkeit, aus Nichts und Allem. Ich bin der kleine Knabe, der getarnt hinter einem Busch einen Blick in das Geheimnis wagt und hofft, dabei nicht erwischt zu werden.

Bruno: „Es ist als ob sich das grosse Geheimnis offenbaren würde!"

In Gedanken versunken habe ich nicht bemerkt, dass Bruno neben mir steht. Ich bin überrascht und fühle mich in meinem Traumdenken ertappt. Warum spricht Bruno ausgerechnet jetzt vom grossen Geheimnis?

Tobias: „Ich habe dich nicht kommen hören, ich war in Gedanken versunken und empfand tatsächlich die Kraft des grossen Geheimnisses. Ich bin erstaunt, dass du im selben Moment davon sprichst."

Bruno: „Manchmal wirkt etwas und löst bei mehreren Menschen gleichzeitig dieselben oder zumindest ähnliche Gefühle aus. Wenn ich um mich blicke, bin ich eingebettet in ein Mysterium, für das ich keine Worte finde."

Tobias. „Glaubst du an Gott?"

Bruno. „Das ist eine schwierige Frage, für die ich aber unterdessen eine einfache Antwort gefunden habe.

Ich verzichte auf hypothetische Namensgebungen, für mich ist all das, was ich nicht begreifen kann, das grosse Geheimnis, das ich nicht hinterfragen will. Zwei Worte sind für mich Wegweiser in der Gottesfrage:
Das Eine ist das Wort „Geheimnis" und das Andere der Begriff „Vielleicht".

Ein Geheimnis ist etwas, das nicht zu ergründen ist. Wenn ich es als solches annehme, gebe ich ihm die

Möglichkeit zu wirken; und das Vielleicht beinhaltet den Begriff leicht. Nicht alles zu wissen, bedeutet, die Bürden des Wissens abzustreifen um leichter zu werden – auch hier, wie wir schon besprochen haben, sich der Last entledigen und sich der Lust zuwenden."

Tobias: „Das heisst, du hast mit Kirche und ähnlichen Institutionen nichts am Hut?"

Bruno: „Nein, das heisst es nicht. Ich bin in der christlichen Tradition aufgewachsen und kann mit der kirchlichen Folklore gut leben. Feste zu feiern, die dem Kirchenkalender angehören, sind für mich durchaus lustvoll.
Für mich ist die Institution Kirche eine notwendige Einrichtung, leistet sie mit ihrem Netzwerk innerhalb der Gemeinden doch unwahrscheinlich wertvolle Arbeit, die eine politische Gemeinde kaum übernehmen könnte.
Aber wenn es um die Gottesfrage geht, da habe ich mich von den Dogmen der Kirche distanziert und meine eigene Definition gefunden, die zu meinem Leben passt. Und du?"

Tobias: „Ich habe mich im Laufe der Jahre für viele Glaubensrichtungen interessiert. Neben der christlichen Tradition, die mir gerade in musikalischer Hinsicht Halt und Geborgenheit gibt, habe ich mich auch dem Buddhismus, Schamanismus und philosophischen Theorien zugewandt.
Ich musste aber merken, dass ich mich meistens mit einer falschen Prämisse an die verschiedenen Richtungen herangewagt hatte. Ich meinte, ich würde Frieden darin finden und bekäme Antworten.

In den ersten Wochen, mit der nötigen Neugier und dem Anfangsenthusiasmus war ich meistens Feuer und Flamme. Dann aber kamen die Zweifel und Widersprüche und ich wandte mich einer anderen Richtung zu. Ein Perpetuum Mobile, das nie zum Ziel führte."

Bruno: „Mit Ziel, meinst du, Antworten auf deine Fragen zu bekommen?"

Tobias: „Ja, ich habe lange Zeit versucht, Antworten von anderen Menschen zu erhalten. Ich glaubte es gäbe Menschen, Gurus, Eingeweihte, die mir sagen könnten, wie die Welt funktioniert und wie ich sie überwinden kann, um ein Stück Unsterblichkeit zu erlangen. Ich habe mich, wie du vorhin erwähnt hast, der einzigen Sicherheit, die es gibt, dem Tod oder der Vergänglichkeit verweigert.
Das Resultat liegt auf der Hand: Befriedigende Antworten habe ich nicht gefunden.

Ich möchte an einen regulierenden Gott glauben, der die Geschicke für mich regelt und mir gleichzeitig die Freiheit lässt, mich auf dem Spielplatz Erde auszutoben. Ich der Schauspieler, Gott der Regisseur. Heute weiss ich, dass dies eine Illusion ist. Ich mache erste Schritte in Richtung Gefühle zulassen zu können und sie auch zu zeigen und das Wunder der Schöpfung als Geheimnis anzuerkennen."

Bruno: „Ich verstehe dich gut Tobias, ein outgesourcter Gott wäre angenehm und würde uns der Eigenverantwortung entheben. Aber ich glaube, dass alles, was wir heute miteinander besprochen haben, zusammengehört: Gefühle zulassen und zeigen, die Vergänglichkeit als etwas Natürliches sehen, den Tod nicht als Dahinraffer sehen, sondern als Wegbereiter für die Metamorphose, sich dem Sowohl als Auch zuwenden, den Blickwinkel flexibel halten und die wunderbaren Teile der Erde und der menschlichen Natur wahrnehmen und gleichzeitig sich dem Geheimnis der Kraft, der Energiewelle hingeben und im Vielleicht in Dankbarkeit leben."

Tobias: „Woher kommt deine Lebensweisheit?"

Bruno: „Ob es eine Weisheit ist, weiss ich nicht. Ich denke, es hat sich im Lauf der Zeit so ergeben.
Ich habe, vielleicht ähnlich wie du, nach dem Prinzip *Trial and error* gehandelt. Daraus sind einzelne Bruchstücke hängen geblieben und haben für mich Sinn ergeben. Irgendwann habe ich für mich gemerkt, dass die stimmigsten Antworten oder Lösungen auf Problemstellungen häufig jene waren und sind, die sich ohne grosse Anstrengung präsentieren.
Die Kopfgeburten haben sich meistens als wenig lebbar erwiesen.
Bei wichtigen Themen, vor allem bei solchen, die sich um Lebensfragen drehen, bevorzuge ich die intuitive Herangehensweise, ich fahre damit sehr gut.

Bei Alltagsthemen gehe ich aber durchaus analytisch und pragmatisch zu Werk. Wenn es zum Beispiel darum geht, herauszufinden, welche Rebsorte bei mir zuhause die besten Aussichten hat, einen guten Wein zu ergeben, bin ich sehr kopflastig unterwegs. Ich untersuche Boden, Klima, Rebsorten und die Art der Vinifizierung, um dann den bestmöglichen Wein zu keltern. Anders verhält es sich bei Themen, die mit kognitiver Analyse nicht zu knacken sind, da vertraue ich der Intuition."

Tobias: „Das mit der Intuition ist so eine Sache, ich habe häufig nicht Zugang zu ihr, oder zur inneren Stimme. Ich bin mir unsicher, ob ich mir das, was ich zu hören oder spüren glaube, einbilde. Ich habe nur wenig Vertrauen in die Intuition."

Bruno: „Bei er Musik hast du sie aber."

Tobias: „Ja, das stimmt. Da ist es aber anders, dort fällt es mir leicht, weil mich die Musik in ihren Sog hineinzieht. Ich meine eher bei Themen, die mir wichtig sind und wo ich häufig vergebens nach der inneren Stimme Ausschau halte."

Bruno: „Die Intuition hat ihren Stellenwert in unserer Gesellschaft eingebüsst. Wir beweisen gerne empirisch, ob etwas ist oder nicht. Wir überlassen nichts dem Zufall und haben Mittel entwickelt, um gezielt Menschen zu beeinflussen und günstige Resultate aus der Optik der Anbieter zu realisieren.

Ich bin aber überzeugt, dass die Intuition oder auch die innere Stimme für das menschliche Leben essentiell sind. Sie hilft, den Zugang zum Selbst zu öffnen, das mit Wahrheiten, die weit über uns hinausführen, verbunden ist. Aber die Intuition zuzulassen, ist tatsächlich eine Frage des Vertrauens. Das Hinterfragen ist ihr Tod. Du musst dich ihr anvertrauen und die kognitive Kontrolle für einen Moment abgeben, dann kann sie sich offenbaren."

Tobias: „Das tönt ein bisschen esoterisch für mich. Komm, wir spüren, was das All uns sagen will und dann tanzen wir unseren Namen und haben uns alle lieb."

Bruno: „Oh, du kannst also auch sarkastisch sein – das tut manchmal ganz gut. Nein, mit Esoterik hat das nichts zu tun. Es ist schlicht eine Herangehensweise, die das Geplapper im Kopf ausschaltet, um über den Körper zu erfahren, welche Möglichkeiten in einer bestimmten Situation offenstehen. Das ist alles. Du machst es ja bereits mit der Musik."

Tobias: „Tönt einfach und banal, aber sind es nicht gerade die wichtigen Entscheidungen, die gut überlegt sein wollen?"

Bruno: „Sicher, aber denken und mögliche Lösungsansätze hin und her wälzen, das machst du sowieso, diese Vorgänge kommen also nicht zu kurz. Es geht mehr darum, eine alternative Herangehensweise bewusst zu wählen und ihre Resultate mit einzubeziehen."

Tobias: „Ich habe, wie du dir vorstellen kannst, auch zu diesem Thema einige Bücher gelesen und bin letztlich auf keinen grünen Zweig gekommen. Wie soll ich mich also der Intuition bei wichtigen Themen annähern?"

Bruno: „In Büchern steht viel, aber es sind immer nur Beschreibungen. Es ist als ob du die Landkarte mit dem Land verwechseln würdest. Um eine Landschaft kennen zu lernen, musst du dich aufmachen und dich deinen eigenen Erfahrungen aussetzen. Erst dann kannst du beurteilen, ob die Beschreibung, die du irgendwo gelesen hast, für dich stimmt, oder ob du dein eigenes Buch schreiben musst, mit deinen Erfahrungen.

Wenn du Lust hast, zeige ich dir eine kleine Übung, die mir hilft, den Kanal zur Intuition zu öffnen. Es wäre gleichzeitig eine gute Gelegenheit, uns nach dem langen Sitzen ein wenig zu bewegen. Magst du?"

Tobias: „Ja, sehr gerne."

Wir stehen auf, packen unsere Sachen zusammen und spazieren gemächlich in Richtung Klostergebäude. Die Musik ist verstummt, die Luft vibriert und die Landschaft hüllt sich in einen durchsichtigen Mantel, der die Konturen darunter erahnen lässt.

Wir gehen hintereinander, da der Weg bei der Kapelle schmal ist. Auf der linken Seite öffnet sich nach wenigen Schritten eine kleine Parkanlage mit einem Brunnen in der Mitte, zu der in 90-Grad-Winkeln vier kleine Wege hinführen. Wir begeben uns zur Mitte und Bruno erklärt mir mit wenigen Worten, was er mit mir vor hat.

Bruno: „Bei dieser Übung geht es darum, die Umgebung zu beobachten und Dingen, die sich für dich hervorheben, assoziativ neue Namen zu geben. Ich brauche jeweils ein zusammengesetztes Namenwort, das mich in eine neue Dimension führt. Ich mache ein Beispiel: Siehst du den Baum in der Nähe des Rheins, der einen bogenartigen Ast hat, ja? Mir kommt, ohne dass ich darüber nachdenke, der Begriff Ewigkeitspforte in den Sinn. Der neue Name beinhaltet die Erscheinungsart, hier eine Pforte verbunden mit einer Qualität, dort der Begriff Ewigkeit. Nun versuche ich mich in die Erscheinung hineinzubegeben und mich gleichzeitig für den Begriff Ewigkeitspforte zu öffnen.

Was empfinde ich, welche Bilder tauchen auf, welche Gedanken ziehen an mir vorbei. Ich beobachte sie, ohne dass ich sie bewerte und versuche anschliessend herauszufinden, welche Themen mit diesen Assoziationen verknüpft sind.

Die Bilder und Gedanken präsentieren sich dabei häufig wirr und unzusammenhängend, aber der Charakter, der sich dahinter verbirgt, tritt dennoch in den Vordergrund und kann erkannt werden. Ich möchte dir eine Kostprobe geben. Ich versuche mich in den Begriff hineinzufühlen und werde dir schildern, was ich sehe, denke und spüre."

Tobias: „Als Schauspieler bin ich gespannt und auch ein wenig skeptisch, aber ja, ich bin bereit."

Bruno wendet den Blick von mir ab, steht breitbeinig, leicht federnd in der Nähe des Brunnens und blickt zum Baum mit dem hervorstehenden Ast.

Ich höre ihn atmen und wie aus dem Nichts ertönt seine Stimme, leise und bestimmt, klangvoll und doch zurückhaltend. Es spricht aus ihm heraus und hat mit der Art und Weise, wie Bruno sonst mit mir spricht nicht viel zu tun. Nicht dass das Sprechen mechanisch wäre, aber es wirkt unpersönlich, als hätte Bruno seine Person zurückgelassen, um einfach Kanal zu sein. Die Worte sprudeln, fliessen und erreichen mich geheimnisvoll.

Bruno: „Ich sehe eine Öffnung, die in den Himmel führt, der sich in eine weite Ebene ergiesst, ich fühle mich wie ein Magnet angezogen und spüre eine tiefe Sehnsucht, dorthin zu gelangen und zu verweilen, Menschen sind keine dort, ich spüre eine warme Brise, scheue ich die Menschen, bin ich der Welt entrückt, wohin möchte ich flüchten, wovor flüchte ich, wo ist meine Heimat, ist das Tor der Weg in die Freiheit oder ist es eine grosse Täuschung, wo sind meine Übergänge im Leben, ich schmecke Rhododendren und alles um mich herum versinkt in tropischer Feuchte, ich bin in der Höhle der Geburt, alles gedeiht und wächst, ich wachse bis in den Himmel hinein, die Pflanzen umschlingen mich und ich verliere den Überblick, einzelne Tropfen Wasser fallen auf die Pflanzen, die durchsichtig werden und den Blick auf tanzende Menschen freigeben, Rhythmen ertönen und ich schwitze, spüre die Erde unter meinen Füssen, ich lasse mich treiben und werde zu einer Trommel, die mein Herzschlag ist, die Lücke im Himmel leuchtet und von überall her ertönt fröhliches Lachen, ich lache mit und ... und ..."

Bruno steht beim Brunnen und blickt in die Ferne, sein Körper zittert leicht und ich sehe, dass er noch vollkommen in seiner Erlebniswelt weilt.

Der Ast des Baumes, den Bruno mit dem Begriff Ewigkeitspforte versehen hat, hängt irgendwie unschuldig am Stamm und ist sich wohl seiner neuen Namensgebung mit samt Inhalt nicht bewusst. Und doch scheint er mir mit Brunos Schilderungen an Bedeutung gewonnen zu haben, oder anders ausgedrückt, der Ast ist erst durch den Akt der Namensgebung in den Aufmerksamkeitsbereich gerückt und somit neu entstanden.

Ich bin aufgewühlt, weiss nicht, wie ich mit dem eben Erlebten umgehen soll. Auf der einen Seite bin ich peinlich berührt, als ob ich Zeuge einer peniblen Vorstellung eines Irren beigewohnt hätte und andererseits bin ich fasziniert von dem, was ich erleben durfte.

Ich bin es gewohnt in verschiedene Rollen zu schlüpfen, aber die sind normalerweise klar definiert.
In der Herangehensweise, wie die Rolle interpretiert werden soll, nutze ich oft auch intuitive Eingebungen, ich bin also auch ein wenig intuitionserprobt.

In der Rolle des Tobias verlasse ich mich fast durchgehend auf meine kognitiven Fähigkeiten, die sich im Resultat aber immer wieder als mangelhaft erweisen. Warum spielt die Intuition in meinem täglichen Leben eine solch untergeordnete Rolle?

Bruno räuspert sich, blickt mich mit einem schelmischen Lächeln an und meint:

Bruno: „So, wie war ich? Du als Theaterfachmann kannst meine Vorstellung sicher gut beurteilen."

Tobias: „Nun gut, sagen wir mal: Es war eindrücklich."

Bruno: „Hast du dich fremdgeschämt, warst du peinlich berührt und hast du zwischendurch Lust verspürt, abzuhauen und den Spinner hier zurückzulassen?"

Tobias: „Wenn du mich so direkt fragst, gebe ich dir auch eine ehrliche Antwort: ja."

Bruno: „Siehst du: Das ist das Dilemma; wir haben den Umgang mit Intuition, mit Handlungen, die nicht der kognitiven gesellschaftlichen Norm entsprechen, verloren, deshalb sind wir in solchen Momenten meistens überfordert. Ich muss gestehen, dass die letzten paar Minuten auch für mich aussergewöhnlich waren. Ich beschäftige mich zwar häufig mit Intuition und mit dieser Übungsart, aber ich tue dies für mich und bin es auch nicht gewohnt, mich öffentlich zum Narren zu machen. Ich musste mich gerade eben überwinden, aber ich denke es hat sich gelohnt. Ich möchte dir gerne erklären, was ich nun mit solchen wirren Äusserungen und Bildern anfange. Bist du einverstanden?"

Tobias: „Ich bitte dich darum, denn ich habe tatsächlich Erklärungsbedarf."

Bruno: „Auch für mich sind die Zusammenhänge nicht immer sofort ersichtlich und deshalb versuche ich jeweils nach all den Eindrücken und Ausbrüchen die Erscheinungsformen, Gefühle und Gedanken zu ordnen. Dabei geht es mir nicht um eine zeitliche oder thematische Ordnung, sondern vielmehr darum, mich mit den Dingen, die mir zuerst in den Sinn kommen, auseinanderzusetzen.

Geblieben ist mir der Gedanke an meine Lebensübergänge und das Bild der tropischen Pflanzen, die durchsichtig werden und den Blick auf tanzende Menschen freigeben. Diese beiden Bilder oder Gedanken rücke ich nun in das Zentrum und lasse die Gefühle, Bilder, Erinnerungen, Ängste und Wünsche frei fliessen. Wichtig dabei ist, dass dies nun bewusst geschieht, so wie du gesagt hast, dass man den Geist, das Denken bei wichtigen Dingen nicht ausschalten sollte. In diesem Stadium der Übung gebe ich dir absolut recht.

Ich beschäftige mich also mit meinen Lebensübergängen, erinnere mich an die wichtigen Meilensteine in meinem Leben und lasse die Energie, die in ihnen stecken aufleben, um sie anschliessend frei zu geben und in Frieden gehen zu lassen. Es ist eine Art aktives Rekapitulieren des bisher Gelebten.

Verstrickungen können so energetisch gelöst werden. Dasselbe mache ich mit dem Bild der tropischen Pflanzen und der tanzenden Menschen. Ich versuche zu begreifen, was diese Bilder für mich bedeuten, versuche sie in meine Erlebnissprache zu übersetzen und die Energie aufleben zu lassen, um sie auch hier danach freizulassen.
Diese Übung ist für mich ein Katalysator, in dem Reste des Gelebten herausgewaschen werden, damit ich mich Neuem zuwenden kann."

Tobias: „Ich möchte Erinnerungen aber nicht verabschieden, sie sind doch Teil meiner Identität."

Bruno: „Das stimmt, darum geht es auch nicht. Erinnerungen sind auch für mich Spuren, die mich ausmachen.

Im Vordergrund stehen auch nicht die Erinnerungen, sondern die eingelagerten Energien, die mich zurückhalten und bremsen. Wenn ich an meine verstorbene Frau denke, habe ich schöne Bilder in mir, die in mir aufsteigen. Ich ehre diese Bilder und pflege die Erinnerung. Ich kann das aber nur, wenn ich meine Frau mit der dazugehörenden Energie freigebe. Nur so empfinde und handle ich in Freiheit und lasse mich nicht von Energien zurückbinden, die eigentlich nicht zu mir gehören. Das Rekapitulieren ist ein Reinigungsprozess, der fremde und vergiftete Energien raus spült."

Tobias: „Vorhin hast du aber dafür plädiert, die Gefühle zuzulassen, den Schmerz zu akzeptieren und ihn als Teil von dir anzunehmen. Das ist ein Widerspruch zu dem, was du jetzt vertrittst."

Bruno: „Nein überhaupt nicht. Es ist eine schmale Gratwanderung. Mit dem Schmerz zulassen meine ich meinen eigenen Schmerz. Ja, ich bin traurig und manchmal verzweifelt, dass meine Frau nicht mehr bei mir ist, aber es ist meine Trauer, meine Verzweiflung und mein Schmerz.

Mit dem Rekapitulieren versuche ich jene Gefühlsreste los zu werden, die mich vergiften. So zum Beispiel, das Gefühl, das ich haben könnte und zu Beginn auch hatte, vom Leben ungerecht behandelt worden zu sein, zu hadern, mich am Leben rächen zu wollen, ein Pessimist zu werden, andere Menschen um ihr Glück zu beneiden, dem Gedanken nach zu hängen, wenn es doch nur wieder so sein könnte, wie es mal war und die giftigste aller Fragen zu stellen: Warum?

Diese Energien sind es, die mich verderben und mich zu einem halben Menschen machen. Ich pflege meinen eigenen Schmerz und gleichzeitig auch meine eigenen Erinnerungen und für beides bin ich dankbar."

Tobias: „Du glaubst also, dass wir viel angestaute Energie in uns haben, die uns hemmt und die es zu befreien gilt?"

Bruno: „Ja, davon bin ich überzeugt. Diese angestaute, tote Energie macht uns krank und lässt uns ohnmächtig erstarren. Sich diesem Zustand zu ergeben erachte ich als fatal. Das Leben ist kein Zustand, sondern stetige Bewegung und das heisst, sich frei zu machen, um mit der Bewegung fortzuschreiten. Aktives Erinnern und von Zeit zu Zeit in den Bildern zu schwelgen ist wunderschön, aber wenn diese Erinnerung dazu führt, dass wir am Gewesenen anhaften, stauen wir die Energie und entziehen uns dem Lebensstrom. Ich erachte es als wichtig. Die Komfortzone regelmässig zu verlassen um sich dem Ungewohnten zu stellen."

Tobias: „Was meinst du mit Komfortzone?"

Bruno: „Damit meine ich, uns im vertrauten Umfeld immer gleich zu verhalten und dem Neuen, dem Unbekannten gegenüber skeptisch und ängstlich zu begegnen. Lieber etwas so lassen, wie es ist, selbst wenn wir darunter leiden, als sich dem Neuen zu stellen, das die Gefahr in sich birgt, Überraschungen für uns bereit zu halten, die wir nicht wollen. So unter dem Motto: die beste Überraschung ist keine Überraschung."

Tobias: „Ich für meinen Teil liebe Gewohnheiten; sie vermitteln mir eine Sicherheit, die ich schätze."

Bruno: „Es ist aber eine Sicherheit, die es so nicht gibt. Es ist nur natürlich, sich in Gewohnheiten zu bewegen, aber die Gefahr besteht, dass du dabei träge und faul wirst. Wenn du dann merkst, dass etwas nicht mehr stimmt, sind die Bemühungen und die Anstrengungen, die du unternehmen musst, um etwas zu ändern, immens. Du hast deine Fähigkeiten, dich im Leben zu bewegen, dem Lebensfluss zu folgen, verlernt. Die Gewohnheiten haben dich faul gemacht und dich in eine trügerische Sicherheit gehüllt.

Das meine ich, mit dem Begriff, die Komfortzone regelmässig zu verlassen. Dieser Vorgang hält dich fit und lebendig, weil du dabei deine Sinne schärfen musst, um abzuchecken, was um dich herum ist und vor sich geht. Die Intuition hilft dir dabei, sie führt dich ins Jetzt, dem du nur mit geschärften Sinnen begegnen kannst."

Tobias: „Es stimmt schon, Gewohnheiten führen auch mich zur Trägheit. Ich merke das, wenn ich mich längere Zeit mit demselben Theaterstück auseinandersetzen muss. Bei den Proben bin ich oft frisch und voller Tatendrang. Ich finde es spannend, eine Rolle zu entwickeln und ich brauche dazu meine wachen Sinne. Ist das Stück zu Ende geprobt, kenne ich alle Einsätze, weiss, wo die heiklen Stellen sind und mit der Sicherheit, die ich unterdessen habe, schweife ich manchmal ab. Es spricht aus mir, mechanisch, ich kann den Text auf Knopfdruck abrufen und mich gleichzeitig mit anderen Dingen mental beschäftigen. Während ich auf der Bühne stehe, kommt es vor, dass ich mir Gedanken mache, wo ich nach der Aufführung hingehen soll, oder wo ich meinen nächsten Urlaub verbringen will.

Werde ich mir dieses Vorgangs bewusst, wird der Textfluss gestoppt und ich habe für kurze Zeit keine Ahnung, wo ich mich im Stück befinde. Wahrscheinlich ist es ein ähnliches Phänomen wie bei einem Schlafwandler. Was ich damit sagen will, ist, dass die Gewissheit, etwas zu beherrschen, einen tatsächlich dazu verleitet, träge zu werden. Ich kann mein Engagement dosieren und bin trotzdem erfolgreich. Aber es ist keine Bewegung mehr im Ganzen."

Bruno: „Übe den Umgang mit der Intuition, sie wird dir helfen, schneller im Hier und Jetzt zu sein und Präsenz ist sowohl für dich als Mensch wie auch für dich als Schauspieler von grosser Wichtigkeit. Mache deine eigenen Erfahrungen, zuhause oder irgendwo an einem Ort, wo du dich wohl fühlst. Ich möchte nicht, dass du hier an diesem Abend Versuche in diese Richtung unternimmst. Lass dir Zeit und scheue dich nicht, deine eigene Form zu finden."

Tobias: „Mal sehen, vielleicht werde ich es versuchen."

Bruno: „Das gefällt mir, du gebrauchst das Wort *Vielleicht* - schön. Was meinst du, wollen wir vorne bei der Brücke einen Kaffee trinken gehen?"

Still setzen wir uns in Bewegung, der Rhein zu unseren Rechten, das Kloster links. Vor uns eine junge Frau, die im Rasen sitzt und meditiert. Bruno und ich nähern uns schweigend der Brücke, die uns hinüberführt zum grossen Platz, wo sich ein kleines Restaurant befindet.

Der Abend ist lau und wir beschliessen, uns draussen an einen Tisch zu setzen. Wir bestellen Kaffee und lassen das Szenario auf uns wirken.

Auf der anderen Seite der Brücke die Klosterkirche mit ihren beiden hohen Türmen, hier der weltliche Teil, mit Menschen, die den milden Sommerabend geniessen, miteinander diskutieren und lachen. Die Stimmung ist gelöst und friedlich. Ich sehe vor meinem geistigen Auge die meditierende Frau vor mir und frage Bruno:

Tobias: „Kannst du meditieren?"

Bruno: „Was meinst du mit *können*?"

Tobias: „Ich habe schon oft versucht zu meditieren und finde einfach keinen Zugang dazu. Ich frage mich, warum mir das nicht gelingt."

Bruno: „Weshalb solltest du es können müssen?"

Tobias: „Ich denke, dass es auch ein Weg sein könnte, sich zu finden und das Ego zu überwinden, um sich mit allem verbunden zu fühlen."

Bruno: „Tobias, ich habe meine eigene Meinung zum Thema Mediation. Zuerst einmal verspüre ich keinen Drang, mich zu finden, weil ich mich nie verloren habe. Ich habe auch nicht das Bedürfnis, mein Ego zu überwinden, im Gegenteil. Ich möchte mich als eigenständige Person in dieser Welt bewegen, meine eigenen Erfahrungen machen dürfen und diese mit anderen teilen. Wenn es darum geht, meine Eitelkeit und hochtrabenden Ansprüche zu zügeln, helfen mir die Übungen der Intuition. Sie weisen schnell über mich hinaus und ich spüre dann, vielleicht ähnlich wie beim Meditieren, eine Verbundenheit mit Vielem. Aber ich bin ganz bei mir, bei meinem Ego und bei dem was grösser ist als ich.

Vor Jahren war ich Mitglied einer Meditationsgruppe und habe mich intensiv mit dem Thema beschäftigt. Ich habe für mich herausgefunden, dass ich den für mich mühsamen Weg in die Versenkung nicht brauche. Ich kann diese Verbundenheit mit Lust und ohne Mühe erreichen, indem ich bei mir bin, mich der Intuition öffne und dem Hirn erlaube, mitzudenken. Es ist als ob ein Schalter in Bruchteil einer Sekunde hin und her geswitched würde. Mal Teilchen, dann wieder Welle, hintereinander aber doch fast gleichzeitig. Auch hier wieder sowohl als auch."

Tobias: „Warum sind denn so viele Menschen bemüht, sich in östlichen Techniken und Traditionen zu versuchen?"

Bruno: „Der Mensch ist neugierig, was auch gut ist. Wir Glauben, im Unbekannten liege das Heil und sind ewig auf der Suche. Du hast von dir ähnliches Verhalten beschrieben und auch ich habe in meinem Leben viel ausprobiert und wieder verworfen.

Es hängt sicher auch damit zusammen, dass wir heute Zugang zu den verschiedensten Techniken haben, das Internet macht es möglich. Nicht zu vergessen, dass es gerade in urbanen Gebieten angesagt ist, sich exotisch zu ernähren, exotische Selbstfindungstechniken zu gebrauchen und sich Werte anderer Kulturen anzueignen. Neugier ist eine Qualität, die uns vorantreibt, die der Trägheit im Gewohnten, wie wir es besprochen haben, entgegen wirkt.

Für mich hat sich aber in den letzten Jahren etwas Grundsätzliches verändert. Ich habe aufgehört zu suchen und bin heute ein Finder, manchmal auch ein Erfinder. Seither bewege ich mich anders, ich habe Zeit, mich dem Lustvollen hinzugeben und bin immer wieder überrascht von dem, was auf mich zukommt. Finden geschieht jeweils im Moment und ereignet sich völlig mühelos, ganz im Gegensatz zum Suchen, zumal das Objekt der Begierde häufig nicht bekannt ist. Finden heisst für mich offen sein für die Schönheit im Leben."

Tobias: „Wenn ich dir zuhöre, tönt alles so leicht und selbstverständlich, wie machst du das?"

Bruno: „Ich mache überhaupt nichts, es ist tun ohne zu tun, oder anders ausgedrückt, ich überlasse mich dem Fluss ohne eine Wirkung oder ein Resultat anzupeilen. Ich versuche die Vorurteile wegzulassen und einfach aus dem Moment heraus zu denken und zu handeln. Intuition und Denken in kurzen Sequenzen, das ist der Flow, den ich anstrebe, ohne Absicht. Ich merke, dass dies ein authentischer Weg ist. Keine Zauberei, einfach nur präsent sein und dem Leben vertrauen."

Tobias: „Also von der Hand in den Mund leben?"

Bruno: „Nein, so meine ich es nicht. Es ist wichtig, die Ebenen nicht zu verwechseln. In alltäglichen Anliegen, in denen wir die Steuerungsgeräusche zu Hilfe nehmen, dort ist es wichtig, zu planen, abzuwägen und Ziele zu haben. Aber bei den Themen, die sich vermehrt darum drehen, wie ich meinem Leben begegnen will, also bei den archaischen Themen, da bevorzuge ich die das Wechselspiel von Denken und Intuition, da bekommt das Vielleicht eine Hauptrolle."

Tobias: „Mir fällt auf, dass ich bezüglich Intuition in Gegensätzen gefangen bin. Als ich dir von der Musik berichtete, habe ich mich sehr für die instinktive Herangehensweise eingesetzt, dort vertraue ich der Intuition blind. Aber wenn es um Themen geht, die mir wichtig sind, dann habe ich Mühe, mich der Intuition anzuvertrauen."

Bruno: „Ja das habe ich bemerkt. Ich glaube, du bist in deiner Analyse nicht präzis. Du sagst, bei wichtigen Themen findest du den Zugang zur Intuition nicht, bei der Musik aber schon. Nun glaube ich aber zu wissen, dass es gerade die Musik ist, die für dich von grösster Wichtigkeit ist. Aber da du dich mühelos mit ihr beschäftigen kannst, empfindest du sie nicht in dem Masse wichtig, wie Themen, bei denen du nicht klar kommst.

Es ist nicht eine Frage des Inhalts, es ist eine Frage, mit welchen Mitteln nähere ich mich den Inhalten eines Themas. Bei der Musik ist es die Intuition mit ihrem lustvollen Charakter, bei den für dich sogenannt wichtigen Themen ist es das Denken mit seinen eher belastenden Eigenschaften. Die wichtigen Themen erlebst du als Last, die Musik als Lust. Versuche doch mal als Experiment, die belastenden Themen vom Denken zu befreien und lustvoll intuitiv auf sie zuzugehen. Vielleicht ändert sich der Charakter der Themen dabei."

Tobias: „Ich merke, dass ich mich in Widersprüchen bewege. Ich verfüge nicht über einen unerschütterlichen Glauben und bin häufig hin und her gerissen. Dies ermüdet mich."

Bruno: „Das tönt bei dir pessimistisch und es scheint, dass du noch immer nach einer absoluten Wahrheit suchst. Aber das, was du beschreibst, ist auch meine Wahrheit, nur leide ich nicht darunter. Ich vermeide

Worte wie unerschütterlicher Glaube und Widerspruch. Sie haben für mich keine Gültigkeit, denn genau im *Sich erschüttern lassen* und im Widerspruch ist das Vielleicht zuhause. Für mich handelt es sich nicht um Widersprüche, sondern um Möglichkeiten, die je nach Situation relevant sind oder auch nicht. Widersprüche liegen in der Natur des Menschen und in allem, was lebt. Sie zeigen auf eindrückliche Art, dass es keine letzte gültige Wahrheit gibt.

Wenn du zu dieser Erkenntnis gelangst, wirst du feststellen, dass die Unfreiheit und der damit verbundene Leidensdruck hausgemacht sind. Das Leben ist nie nur so oder so. Das Leben gebiert sich aus den Widersprüchen oder anders ausgedrückt aus den unendlichen Möglichkeiten. Kein Entweder-Oder, nein, stets ein Sowohl-als-Auch. Auf dieser Welle lässt sich wunderbar reiten, um danach wieder abzutauchen bis die nächste Welle naht und dich mitnimmt zu neuen Horizonten."

Tobias: „Bruno, ich denke, meine nächste Welle nähert Sich mir in diesem Moment. Ich kann nicht mehr klar denken und bin müde, aber auf eine sehr erfüllte und befriedigende Art.

Der Abend mit dir war wunderbar, aber mir gehen die Gedanken und die Worte aus. Ich würde sehr gerne mit dir noch einmal auf die Musikinsel zurückgehen, um dort, wo wir uns begegnet sind, den Abend zu beenden. Bist du einverstanden?"

Bruno: „Ja, das ist eine schöne Idee, so quasi als Rahmengeschichte. Komm, lass uns aufbrechen."

*Bruno legt zehn Franken auf den Tisch für die beiden
Kaffees, erhebt sich und setzt sich mit federndem Schritt
in Bewegung. Ich habe Mühe zu folgen und bin erstaunt,
wie viel Energie von Bruno ausgeht.*

*Die Dunkelheit hat sich unterdessen ausgebreitet und die
beleuchteten Gebäude erscheinen auf einmal viel
massiver und dominanter als noch vor einer Stunde, wo
alles in einander zu fliessen schien. Die Insel wirkt
verändert und gibt nur noch das, was von Menschenhand
ins rechte Licht gerückt wird, preis. Die Worte von Bruno
und auch die meinen hallen in mir nach und ich spüre, wie
der Inhalt vibriert und meine Gründe erschüttert.*

*Während wir uns auf den Weg machen, versinken die
Kapelle, der Garten mit dem Brunnen, der Baum mit der
Ewigkeitspforte und der Rhein im Dunkel.*

*Werden Orte mit Gedanken und Gefühlen gedüngt, oder
sind sie statisch und ohne Anteilnahme?
Für mich hat sich dieser Ort verändert, alles was ich hier
erlebt, gedacht, gefühlt, gesehen und gehört habe,
verknüpft sich zu einem grossen Lebensteppich.*

*Die Bilder werden sich in meiner Seele einbrennen und
für mich ein kleines Stück Ewigkeit bilden. Ich staune, wie
einfach es manchmal ist, dass sich äussere Bilder in die
Innenräume ergiessen und dort neue Plätze ausleuchten.
Es ist als ob ich Regisseur und Protagonist wäre, ich
agiere in meinem Innenraum und inszeniere meine
eigene Bühne. Das Innen und Aussen vermischt
sich und ich bin mir nicht mehr sicher, wer wen formt.*

Ich bin Schöpfer und Schöpfung, ich bin Idee und Manifestation, ich bin und auch nicht. Wortlos schlendern wir neben einander und die Ruhe ist aussagekräftiger als jedes Wort. Bruno und ich, wir und die Insel, die Insel und Rheinau, Rheinau und der Fluss, der Fluss und das Meer, das Meer und die Erde, die Erde und das All, Alles und Nichts.

Epilog

Bei der Kapelle haben wir uns verabschiedet und jeder ging seines Weges, Bruno zuerst, während ich noch eine Weile dort blieb, um das Erlebte einzuordnen. Nicht dass mir dies gelang, aber die äussere Ruhe und mein innerer Einklang reichten sich die Hände und ich empfand eine Klarheit, die nicht in Worte zu fassen ist.

Am nächsten Tag habe ich meine Wanderung mit der letzten Etappe nach Schaffhausen abgeschlossen. Nun, da ich wieder zuhause bin, kann ich nicht mit absoluter Sicherheit sagen, ob die Begegnung mit Bruno real ist, oder ob ich alles nur geträumt habe. Wenn ich aber in mich hineinhorche, spüre ich deutlich, dass nichts mehr ist wie zuvor. Bruno hat seine Spuren hinterlassen und wirkt und ich lasse es geschehen und mich bewegen.

Wahrscheinlich haben wir an diesem Abend auch über belanglose Dinge gesprochen. Ich habe bewusst darauf verzichtet, diese Dialoge in meine Rückblende einfliessen zu lassen. Für mich stehen die archaischen Themen im Vordergrund und ich habe versucht, sie in einen „verbalen Bouillonwürfel" zu konzentrieren. Es sind dies Themen, die nie abschliessend behandelt werden können, aber die Auseinandersetzung mit ihnen ist für mich unerlässlich. Denken und der Intuition folgen, das ist das Credo von Bruno und ich werde mich in Zukunft daran orientieren und beide gleichberechtigt berücksichtigen. Dem Leben lustvoll begegnen und das Belastende abschütteln wird ein weiter Wegweiser sein.

Die Via Rhenana ist für mich nicht einfach ein Wanderweg entlang des Rheins, nein, durch die

Begegnung mit Bruno, ist sie für mich zum Symbol meines eigenen Lebensweges geworden. Mit zuversichtlicher Neugier schaue ich nach vorne und bin gespannt, was sich hinter der nächsten Flussbiegung offenbaren wird.

Ein Satz von Bruno wird mich dabei begleiten, der sich in meine Seele eingebrannt hat und sowohl Teil als auch Welle meines innersten Kerns geworden ist:

„Du lebst in und aus dir, zeige es und du bist nie allein."